名所図会を手にして東海道

福田アジオ

1　名所図会の時代　2
『都名所図会』から『東海道名所図会』へ　2
シリーズ名所図会　4
『東海道名所図会』の組み立て　6
秋里籬島　6
『東海道名所図会』の特色　8
挿入図の新機軸　10
絵引の方式　13

2　東海道を歩く　16
〔1〕京を出発（京都市東山区）　16
〔2〕大津絵を売る（滋賀県大津市）　22
〔3〕山王祭（滋賀県大津市）　28
〔4〕草津の青花紙（滋賀県草津市）　32
〔5〕姥が餅（滋賀県草津市）　36
〔6〕草津追分（滋賀県草津市）　40
〔7〕和中散（滋賀県栗東市）　44
〔8〕富田の焼き蛤（三重県四日市市）　48
〔9〕桑名の湊（三重県桑名市）　54
〔10〕池鯉鮒の馬市（愛知県知立市）　58
〔11〕大井川の渡し（静岡県榛原郡金谷町·島田市）　64
〔12〕安倍川の渡し（静岡市）　70
〔13〕富士川の渡船（静岡県岩渕町·富士市）　74
〔14〕旅籠の夕暮れと女郎衆（静岡県三島市）　78
〔15〕箱根の温泉（神奈川県箱根町）　82
〔16〕小田原ういろう（神奈川県小田原市）　88
〔17〕大森海岸の海苔採取（東京都品川区·大田区）　92
〔18〕大森の海苔生産（東京都品川区·大田区）　96
〔19〕江戸の本屋（東京都港区）　100
〔20〕お江戸日本橋と魚河岸（東京都中央区）　106

名所図会と生活・生産　109
参考文献
あとがき

神奈川大学21世紀COE研究成果叢書
神奈川大学評論ブックレット 31　御茶の水書房

1　名所図会の時代

『都名所図会』から『東海道名所図会』へ

『東海道名所図会』全六巻は、京都から江戸までの東海道の名所旧跡を訪ね歩くための案内書である。寛政九年（一七九七）に刊行された。これが編纂され、刊行されるには前史があった。

特定の地域の名所を紹介する名所図会は安永九年（一七八〇）に『都名所図会《みやこめいしょずえ》』六巻として刊行されたのを最初とする。作者は秋里籬島《あきさとりとう》で、絵は竹原春朝斎、出版元は京都の吉野屋為八であった。京都の市中と郊外の名所旧跡を案内する地誌であるが、それまでの各種案内書と異なり、多くの挿絵が挿入されていた。それまでの案内書に入れられた挿絵は稚拙かつ粗雑であり、具体的なイメージを描くことが困難なものが多かった。『都名所図会』に挿入された挿絵は原則として見開き二ページに描かれており、一枚一枚が大きく、詳細であり、やや高い地点からパノラマ風に描くことが多く、あたかもその場にいるかのような臨場感を与えるものであった。しかも挿絵の数は多く、数ページに一枚の割合で挿入されていた。案内の文章と挿絵が等しい位置づけであったといえる。

観光地ともいうべき名所旧跡案内の書物はすでに近世前期から刊行されていた。京都に関する案内書としては明暦四年（一六五八）刊行の『京童《きょうわらんべ》』がある。もっぱら京都市中の名所旧跡を取り上げ、挿絵も入れて案内しており、多くの人々に受けいれられた。同様に、江戸の案内書も刊行された。しかし、それらの挿絵は対象をイメージさせる力が弱かった。それに対して、『都名所図会』は大きく異なった。そのことを作者自ら巻頭の「凡例」で以下のようにわざわざ断っている。

> 図中に境地広大なるところは究めて細画なり、狭少なる神祠・小堂はまたしからず、かるがゆえに図ごとに人物あり、形容いたつて微少なる人物は、その地広大としるべし、形容微少ならざるは境地狭少なり、譬へば加茂社と野宮との境地を知らするの便なり
>
> 図中の間に人物の大画あり、四時の佳観を賞して遊楽の地を知らせんためなり

このように凡例で図について説明しているように、図会は詳細な挿絵を入れるところに特色があった。しかも風景だけでなく、風景の中に必ず人物が描きこまれ、人々の動きが、大きく、詳細に描かれているものも少なくなかった。その絵を見て、実際に現地に赴けば、そこには絵に描かれた風景や状況が存在することが確認できた。行楽や旅の案内書として、現代であれば写真が多用されるが、それに相当する役割を果たしたのが豊富な挿絵であったといえよう。

『都名所図会』は評判となり、ベストセラーとなった。天

『東海道名所図会』

明七年（一七八七）には『拾遺都名所図会』が刊行された。『都名所図会』に「漏れたるを拾ひあつめて」全四巻にまとめたものである。全体として挿入された図が、対象に迫って大きく描く傾向があり、それだけ詳細なものとなっている。またそれまでの名所旧跡という通念で把握される場所だけでなく、祭礼や年中行事も挿絵として描いており、より人々の生活への関心が強くなっていると言えよう。

図会という言葉は、『三才図会《さんさいずえ》』、『和漢三才図会《わかんさんさいずえ》』からヒントを得て、作者秋里籬島によって書名に採用されたものと思われる。中国の『三才図会』もそうであるが、正徳三年（一七一三）に刊行された寺島良安の『和漢三才図会』は絵入りの辞書である。取り上げたほとんどすべての事項に具体的な絵を添えている。しかし、それは辞書であることから、単語に対して一つの事物を単体で描くものであった。それを事物単体でなく、関連する事物を配して全体的関連を示そうとした『日《に》本山海名物図会《ほんさんかいめいぶつずえ》』が半世紀ほど後の宝暦四年（一七五四）に出されて、図会のイメージは新しいものとなったといえる。絵を見てイメージを膨らませ、対象を理解するということが次第に一般化してきたと考えてもよいであろう。

シリーズ名所図会　そのような動きを決定づけたのが『都名所図会』である。大いに売れ、版を重ね、拾遺まで出された。そして名所図会の時代が始まった。多くの名所図会が編纂され、刊行された。その主要なものを列記すれば以下のようになる。

『大和名所図会』秋里籬島　寛政三年（一七九一）

『住吉名所図会』秋里籬島　寛政六年（一七九四）
『和泉名所図会』秋里籬島　寛政八年（一七九六）
『摂津名勝図会』秋里籬島　寛政八年（一七九六）・寛政一〇年（一七九八）
『伊勢参宮名所図会』著者不詳　寛政九年（一七九七）
『近江名所図会』秋里籬島・秦石田　寛政九年（一七九七）
『東海道名所図会』秋里籬島　寛政九年（一七九七）
『河内名所図会』秋里籬島　享和元年（一八〇一）
『木曽路名所図会』秋里籬島　文化元年（一八〇四）
『紀伊国名所図会』高市志友他　文化八年（一八一一）
『江戸名所図会』斎藤月岑　天保五（一八三四）
『尾張名所図会』深田正韶　天保一五（一八四四）

名所図会という編纂方式を開発した秋里籬島は京都から始めて、大和、和泉、摂津、近江と畿内各地の名所図会を立て続けに編纂した。いずれも特定地域の名所旧跡を記述し、豊富な挿絵を挿入したものである。それらはどれもベストセラーになったようであるが、さらに新しい構想を得て編纂したのが寛政九年（一七九七）刊行の『東海道名所図会』であった。一定範囲の地域ではなく、出発地から目的地までのコースに沿って、旅の途次に立ちより見物するための名所旧跡を紹介する案内書であった。この新機軸の名所図会はまた大いに評判となり、多くの読者を獲得した。

『東海道名所図会』の組み立て　『東海道名所図会』全六巻は寛政九年（一七九七）に刊行された。作者は秋里籬島、版元は京都の田中庄兵衛他であった。京都を出発して、東海道を下って江戸にいたる道筋の名所旧跡や有名な寺社を取り上げ、その説明をすると共に、重要な場所については挿絵を挿入して、具体的なイメージを読者に与えようとしている。挿絵は全部で二〇〇に及ぶ。著者は京都に住み、版元も京都の書肆である。必然的に京都に近い近畿地方から東海地方にかけての記述が詳細で、京都から遠ざかると次第に簡単になる。京都から遠いから記述が少なくなるのではなく、名歌に歌われる場所が少なく、また歴史的事件のあった所も少ないという事情も加わっているであろう。さらに、購読者がまた上方の人々であろうと予想されたことも関係しているであろう。東海道の全部を秋里籬島自ら踏査して、場所を確認し、関連する記事を古典からも豊富に引用して、具体的に書き記している。その知識は相当深いものがあったと言って良い。

秋里籬島　著者の秋里籬島は名所図会という方式の案内書・地誌を開拓し、定着させた人物であるが、その伝記について詳細に記述できる材料はない。京都に住み、読本を書き、また俳人でもあったという。生没年や出身、住所は不明である（竹村俊則「秋里籬島と『都名所図会』」『日本名所風俗図会』八、一九八一）。しかし、住所や生年を暗示する記事を自ら書いている。彼の一連の名所図会の最後の著書になると思われる『木曽路名所図会』（一八〇五）の巻一に「洛の南。風すさふ賀茂の流れのすゑ宣風坊の橋のほとりなる。河原院塩竃てふ古跡籬島の庵に年久しく住て」と記して、京都の河原院塩竈《かわらのいんしおがま》近くの籬島に居住することを明らかにしている。この場所については、

『都名所図会』巻の二で河原院の旧跡を説明し、そこに「いま五条橋の南、鴨川・高瀬川の間に森あり。これを籬の森といふ。河原院の遺跡なり」と注記している。現在の京都市下京区の五条大橋西側を南側に下った所と推定できる。そして、同じく『木曽路名所図会』で「よはひは古稀に近づきて鬢の霜厚く眼は春の夜の朧となりても（中略）ことし享和二のとしの夏卯花月中の六日といふ日に旅立ちぬ」とも記しており、享和二年（一八〇二）に七〇歳近くになっていたことが分かる。逆算すれば、一七三〇年代の生まれということになろう。没年も不明であるが、最後の作品と考えられる『秋里随筆』が文化七年（一八一〇年）に刊行されているので、その後しばらくして没したものと思われる。名前の籬島は、住んでいた場所にちなんで号としたようである。名前は仁左衛門、号は秋里籬島、籬島軒、俳号は斑竹だったという（鈴木健一「秋里籬島・竹原春朝斎略伝」市古夏生・鈴木健一校訂『新訂都名所図会』五、解説、一九九九）。

近年、古書店に『秋里家譜』という料紙一枚が出て、それが国文学研究資料館に収蔵された。そこに記された内容によれば、秋里籬島の先祖は因幡国秋里城の城主秋里備前守で、後に鳥取城主の家臣となった。その子孫が一〇〇年前に京都へ出て医師となった。その子が五条室町で質屋を営んだ。この人物が籬島の父親で、息子の籬島は醒井五条に住み、建仁町五条に店を出したという。後に隠居して高瀬五条橋の北に住んだとする（伊藤寿和「名所図会作家『秋里籬島』に関する基礎的研究」『史艸』四九号、二〇〇八年、藤川玲満「国文学研究資料館蔵『秋里家譜』翻刻と解説」『国文』一一〇号、二〇〇八年）。この家譜は簡単なメモ書きであり、その記述内容についても検討の余地があるが、注目すべき資料である。秋里籬島の実像も次第に明らかになってきている。

『国書総目録』には、秋里籬島の著書として四五が収録されている。もちろんその多くは名所図会であるが、それ以外に『絵本年代記』(享和二年)、『教訓安楽問答』(享和三年)、『源平盛衰記図会』(寛政六年)、『絵引節用集』(寛政八年)、『絵本朝鮮軍記』(寛政一二年)、『俳諧早作伝』(安永五年)、『忠孝人龍伝』(天明二年)、『秋里随筆』(文化七年)、などが掲げられている。幅広い著作活動をしたことが知られるが、そのなかに絵本、絵引、図会など図像を加えたことを表示する書名が多く、単なる挿絵ではなく、図像を著作の重要な要素として考え、重視していたことが分かる。それは多くの名所図会を著したこととも関連するであろう。文字を用いて書くのは自分であるが、具体的なイメージを与える写実的な図像を挿入することの効果を知っていて、絵師と組んで、図像を豊富に取り入れた書物を著すことを考え出したものと推測される。

『東海道名所図会』の特色　『東海道名所図会』は、東海道五十三次の各宿場についても記述はするが、宿場そのものの記事は大部分がごく簡単なものである。まして旅籠の紹介、宿泊料、渡しの経費などを教えるような記述はない。その意味では、この本を手にしても旅はできない。取り上げているのは、和歌にうたわれたような名所であり、それらの場所をうたった歌を挿入して紹介し、また歴史上の出来事の舞台となった場所を取り上げて、歴史的事件を説明すると共に、想像でその事件を描いて入れている。そして、取り上げた場所は、東海道の街道筋だけでなく、街道から離れたところも少なくない。遠州秋葉山や相模の大山などはその代表である。東海道を旅しつつ、そこから足を伸ばして山中の名所へも誘おうとしている。

しかし、それ以上に注目されるのは、各地の特産物の販売や生産の様相、また各地の祭礼行事などが挿絵を加えて描き出されていることである。現在ではその面影もないが、江戸に近い大森海岸はかつて浅草海苔の生産地であった。冬の寒い時期に、海に入って海苔を採取してから、それを天日に干して商品にするまでの過程の図を四ページにわたって掲載している。

書名が図会となっているように、『東海道名所図会』には一九九枚の挿絵が挿入されている。全六巻の文章はすべて秋里籬島の筆になるが、挿入された絵は一人の作品ではない。「凡例」で「画図は京師、江戸および諸邦の寄合書なり、故に画ごとに姓名印章あり、細図は浪速竹原春泉斎の一筆によりて姓名を記さず」と記載している。「寄合書」という方式、すなわち複数の絵師の競作となっているのである。名前が登場する絵師は三〇人に及ぶ。もっとも多くの絵を描いたのは竹原春泉斎である。春泉斎は、『都名所図会』の挿絵を担当した竹原春朝斎の子供である。春泉斎は実景を見事に描き出している。特に近景では、その写実性は大きく、父親同様に魅力ある多くの挿絵を挿入している。東海道の全行程で春泉斎の絵を挿入しているので、秋里籬島の取材旅行に同行していた可能性もある。その他に下川辺雅恵も比較的多く描いており、しかも京都から近江にかけてだけでなく、鎌倉の建長寺なども描いている。やはり東海道を歩いたのであろう。

他方、特定の範囲のみの絵に登場する名前もある。有名な円山応挙は園山主水という通称で逢坂山を描いている。また鍬形蕙斎《くわがたけいさい》が、図には蕙斎、蕙斎政美、政美などと記されて、現在の横浜市に

描写方法	巻一	巻二	巻三	巻四	巻五	巻六	計
①上方からの俯瞰図	17	23	19	20	16	22	117
②歴史的事項の想像図	6	3	9	3	7	8	36
③対象に迫る近景図	8	14	7	4	5	4	42
④事物のみ単体描写	1	2				1	4
計	32	42	35	27	28	35	199

表1 『東海道名所図会』挿絵の描写方法分類

二ページ見開きの絵は一枚と計算した。

なる神奈川から、玉川、矢口渡、大森、海苔採取、海苔生産、御殿山、高輪などを描いて江戸日本橋に達している。鍬形蕙斎は宝暦一四年（一七六四）生まれであり、『東海道名所図会』が刊行された寛政九年（一七九七）には未だ三〇歳余りであった。浮世絵師であった蕙斎は北尾政美を名乗っていたが、寛政六年（一七九四）に津山藩のお抱絵師となり、鍬形蕙斎と改称した。改称後まもなくの作品がこの『東海道名所図会』の挿絵ということになろう。鍬形蕙斎といえば江戸鳥瞰図の作者として有名であるが、名所図会にも挿絵を多く描いているのである。

挿入図の新機軸　挿入図一九九枚を分類してみると、①上方から対象を俯瞰するようにして名所を描いた絵が一一七枚、②名所で起こった歴史的出来事を想像で描いた絵が三六枚、そして、③対象に迫り、近景から詳細に描き、特に人物を詳しく描いたものが四二枚、その他風景ではなく、④事物のみを描いたものが四枚となっている。やはり名所図会としての目的を一一七枚の俯瞰した風景描写で示していると言えよう。挿絵の五八パーセントを占めている。また有名な歴史的事件の想像図が三六枚ある。印象では多いように見えるが、数量的には一八パーセントである。

『東海道名所図会』の特色は、風景を遠景俯瞰図として描くだけでなく、対象に迫って人物を大きく描く近景図を多く挿入していることである。これは作者の秋里籬島の構想によるものと思われる。籬島の第一作『都名所図会』にも多くの近景図がすでに含まれていた。あるいはこの評判が良く、それ以降も近景図を挿入して、『東海道名所図会』にいたったものと思われる。『東海道名所図

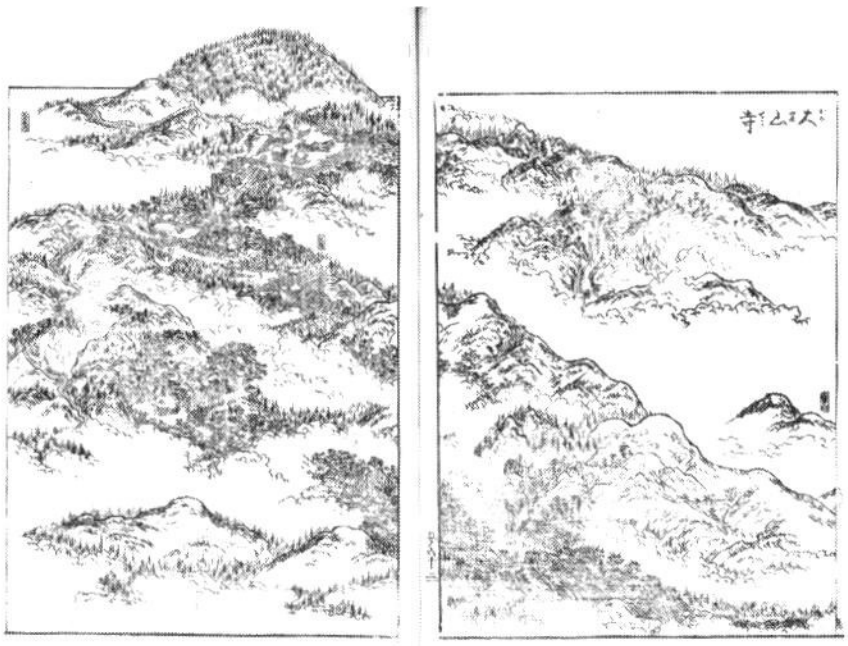
①上方からの俯瞰図（相模大山）

③対象に迫る近景図（大津追分）

④事物のみ単体描写（木内石亭の収集品）

会』における近景図は全部で四二枚で、全体の二一パーセントになる。近景図の挿入されている巻を見ると、もっとも多いのが巻二で一四枚、この巻の挿入絵四二枚の三三パーセントを占める。次いで巻一の八枚、二五パーセント、巻三の七枚、二〇パーセントである。そして相模から江戸を記述する巻六ではわずかに四枚、一一パーセントに過ぎない。西高東低がはっきりと示されている。近景図は必ず人物が大きく描かれている。それらは写実的である。しかも特別畏まった姿ではない。日常的な生活が示されていて、見る人に親しみを感じさせるものがある。鳥瞰的な風景図のなかに近景図が挿入されることで、東海道の各地が親しみのあるものに感じられたのではなかろうか。『東海道名所図会』は、この近景図を挿入することで人間味のある書物となった。このように注目される近景図であるが、本文との関係はそれほど緊密でないことが注意されよう。名所を描いた遠景俯瞰図は本文の説明と対応している。ところが、近景図については本文でほとんど触れていないか、ごく簡単に述べているだけである。本文はあくまでも歌にうたわれた名所や歴史的事件が起こった場所について解説している。その点では間違いなく名所図会であったが、近景図に対応させた解説文がほとんどないことに、その過渡的な姿を示していると言えよう。

対象に迫った近景図を挿入した独創性は大きく、はるか離れた土地の暮らしや状況を具体的に示してくれた。その描写は十返舎一九の『東海道中膝栗毛』にも影響を与えた。また東海道五十三次の各宿を描いた広重の絵の構図にも『東海道名所図会』の俯瞰図と類似のものがある。特に東海道の西半分に類似性が顕著であり、広重は現地に赴かず、『東海道名所図会』の挿絵を参照して描き起こした可能性が高い。逆に言えば、『東海道名所図会』の挿絵には、オリジナル性が大きく、資料的価値も高いと言える。

絵引の方式　以下では、『東海道名所図会』が描いた各地の生活・生産場面を重点的に取り上げ、一八世紀末の東海道沿いの生活を窺ってみよう。その方法として、絵引の方式を採用する。『東海道名所図会』の挿絵に描かれた事物について、先ず個別に名称を確認し、次いでその相互の関係を把握して、全体の意味を理解したい。その場合、描かれた事物とその相互関係を把握することに重点を置き、作者が作品に託した意図や思想にはとらわれず、あくまでも東海道の沿道に存在した事物を把握するために利用する。描かれた事物が何かを確定するためには、他の関連資料に同定できる記述や図像を求め、確定しなければならない。そして、当時の名称によって表現するように努めたい。

絵引としては、絵のなかの事物に番号を付け、その番号に対して事物名称を付するようにするのが基本であるが、ここではすべての事物について番号を付けることはせず、読み取り上必要な最少限の事物にのみ番号を付け、それに対応する説明を加えることにする。各図の詳細な事物名称は、研究成果として公表している『日本近世生活絵引』東海道編（神奈川大学二一世紀COEプログラム研究推進会議、二〇〇七年、ホームページ http://www.himoji.jp で pdf ファイルによって全文掲載）で確認していただきたい。

［1］京を出発（京都市東山区）

2　東海道を歩く

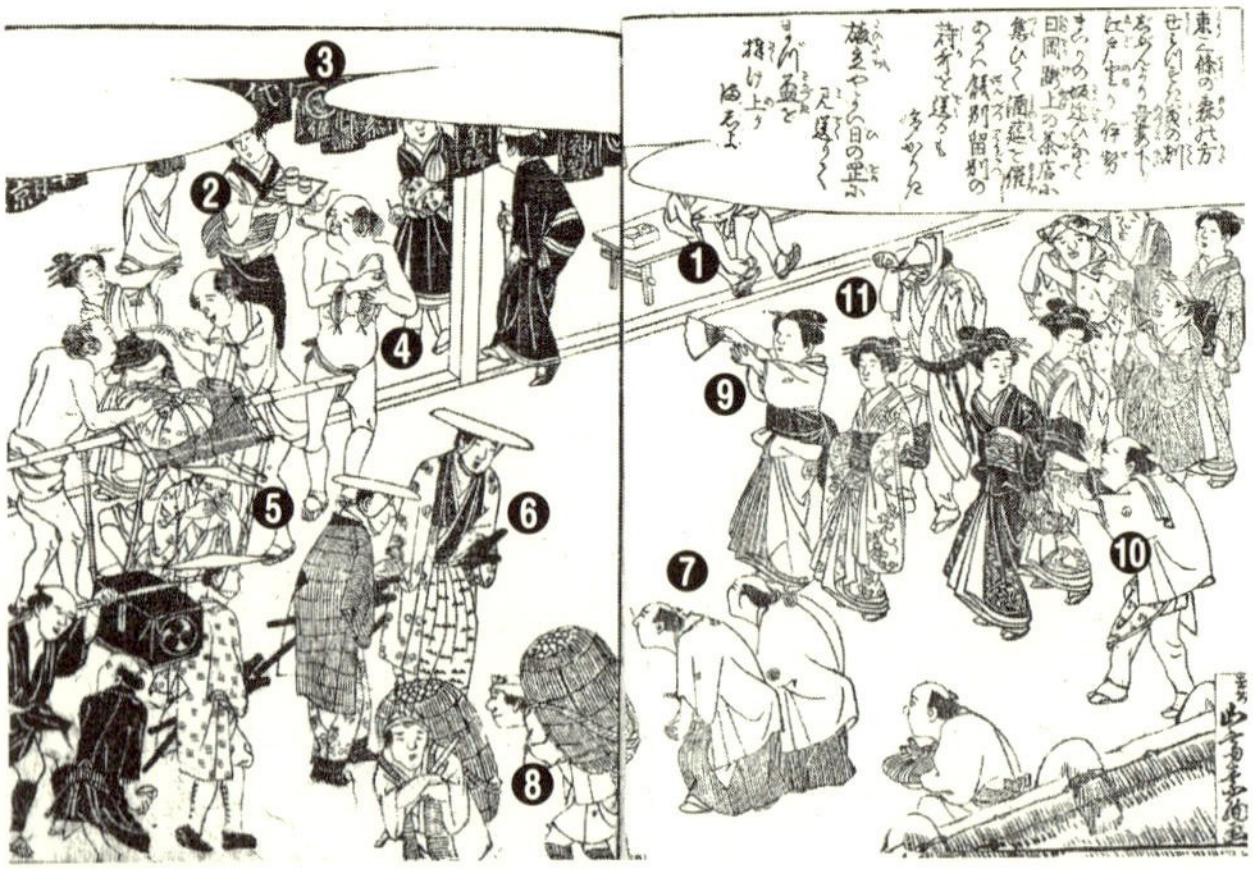

［1］京を出発（京都市東山区）

京から江戸や伊勢に向かう旅人は三条大橋を渡り、三条通りの東端、南禅寺の南側からいよいよ長い旅路に入る。粟田口《あわたぐち》を過ぎて、東山に突き当たって、道が南側に曲がり山科に向かう地点が日岡《ひのおか》蹴上《けあげ》である。ここから峠となり、京都を離れる感じがする場所であり、旅に出る人びとを京の町の人びとが見送るに相応しい所であった。その場所は同時に江戸方面から上ってきた人びとが京都に到着したと感じる場所でもあった。旅人が一休みし身繕いを整え、また送迎の人びとと交歓するために利用する茶屋があった。周辺は出発の人びととその見送り、到着の人びととその出迎えの人でいつも賑わっていた。大田《おおた》南畝《なんぽ》は享和元年（一八〇一）に江戸から大坂へ赴任する際の旅日記『改元紀行』で「蹴揚の清水といふ所にいたりて、左のかたにきよらなる茶店あり、立よりて旅の装ひぬきかへつゝ、紋そめたる小袖に麻の上下きかへて」と記し、南畝自身が茶店で衣装を改めて、京都に入ったことを述べている。『東海道名所図会』の巻一はこの三条通り日岡蹴上の賑わいを描いている。

場面は茶店の前である。店庭には縁台が置かれ、これから旅に出ようとするのであろう、縁台に坐って草鞋の紐を結びなおしている①。横にはたばこ盆が置かれている。店の女性は湯飲みを盆に載せて運んでいる②。軒先には多くのまねきが吊されている③。現在のレストランやホテルの入り口に指定店であることを示す看板が掲げられているように、まねきには講集団の名前が記され、さまざまな講の指定店になっていたことを表している。

通りは賑やかである。店の前に駕籠が据えられ、駕籠かきは汗を拭って休んでいる④。客は長時間駕籠に揺られて酔ってしまったのであろう、懐紙で口を覆っていて、苦しそうである⑤。その手前には、挟み箱を担がせた従者を従える三人の武士が描かれている⑥。武士は陣笠を被り、袴を着け、刀には柄袋をかぶせている。この一行の出発を見送るために町人二人が出向いてきて、丁寧に挨拶をしている⑦。その後に風呂敷包みを抱えている男性が控えている。奉公人で、出発する武士たちへの餞別を包んで持っているのであろう。道路上には、背負い縄で大きな俵を担ぎ、運んでいる男性が二人いる⑧。二人は向こう鉢巻をしている。

通りを一段と賑やかにしている一行が図の右手に描かれている。男女が混じり合っているが、中央部の大きく髷を結った、眉を剃っていない三人の女性は芸者と考えられる。行列の先頭には眉を

『花洛名勝図会』蹴上茶店弓屋亭池
（国際日本文化研究センター「平安京都名所図会データベース」より）

剃った女性が扇子をかざして拍子をとりながら進んでいる⑨。芸者の横には半纏を着て、肩に手拭いを掛けて、両手をかざして踊っている男性がいる⑩。幇間であろうか。また扇子を手拭いで頭に縛り仮装し、手をかざしている男性がいる⑪。その手つきから狐がコンコンと叫んでいる様子を示していると思われ、扇子の三角形で狐の姿を表しているのであろう。腰に刀を差していることから、一行の中では客筋の者かと思われる。この踊る人びとは、伊勢参宮に出かけて戻ってきた一行を出迎えるサカムカエの人びとと思われる。ここで出迎えて、茶屋に入って無事の帰還を祝うのである。

道路の手前に建物の屋根が描かれているが、屋根は瓦葺きではなく、葭葺きである。ここが京都の郊外であることを示唆している。蹴上には茶店が何軒もあった。蹴上の茶屋を詳細に描いたものに『花洛名勝図会』（一八六四年）がある。「蹴上茶店」と題して、「同神明（粟田口神明社のこと）の鳥居前にあり、蹴上の水の名によりて地名をも蹴上といふ。街道の左右に茶店建てつらなり、なかんづく藤屋・井筒屋・加賀屋・弓屋等は座鋪および庭前ことに美観なり」と説明して、藤屋、井筒屋、弓屋の庭園を中心に挿絵を入れている。その書き入れによると、藤屋と井筒屋は右側にあり、弓屋は左側にあるという。京都から見た左右であろうから、藤屋、井筒屋は街道の東南、弓屋は同じく西北にあることになる。弓屋は神明鳥居のすぐ脇で、その向かいに藤屋と井筒屋があった。街道は多くの旅人が行き交うが、それに加えて牛による運搬が盛んであることを示している。牛の背に荷駄を積んで京へ向かう姿、また空車を曳いて京を出る牛車が見られる。注目されるのは、街道の中央部に敷き石が二列に並べられ、その上を牛車が進んでいることである。これは車石と呼ばれ、京の三條から大津までの間に敷かれていた。日本海沿岸各地から船で運ばれ、若狭小浜や越前敦賀に陸揚げされた物資は、山を越えて琵琶湖岸に運び出され、再び湖を大津まで舟で運ばれ、そこから牛車で京都に輸送された。その大量輸送で道は車の轍によって掘りくぼめられ、雨ともなれば泥海となった。牛車輸送の困難解消のため設けられたのが車石である。車輪が車石を踏み外さなければ容易に峠道も越えられた。車石は部分的にはすでに一八世紀中頃には敷設されていたが、京都五条・大津間に敷き詰められたのは一九世紀に入ってからであった。『東海道名所図会』に車石が敷かれている様子が見えないのはそのためであろう。

［2］大津絵を売る（滋賀県大津市）

大津絵の
筆のはじめは
何佛
　　芭蕉

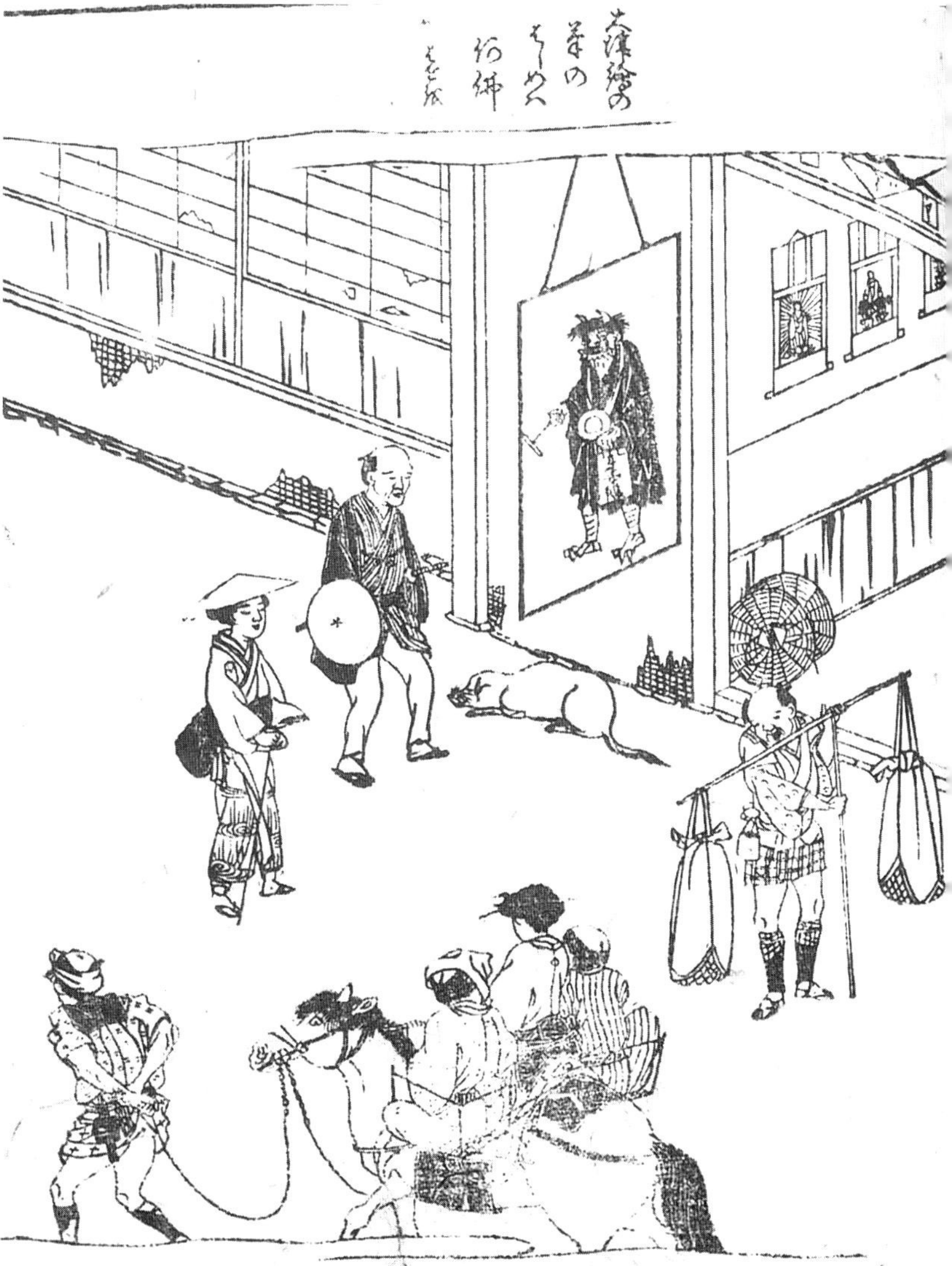

［2］大津絵を売る（滋賀県大津市）

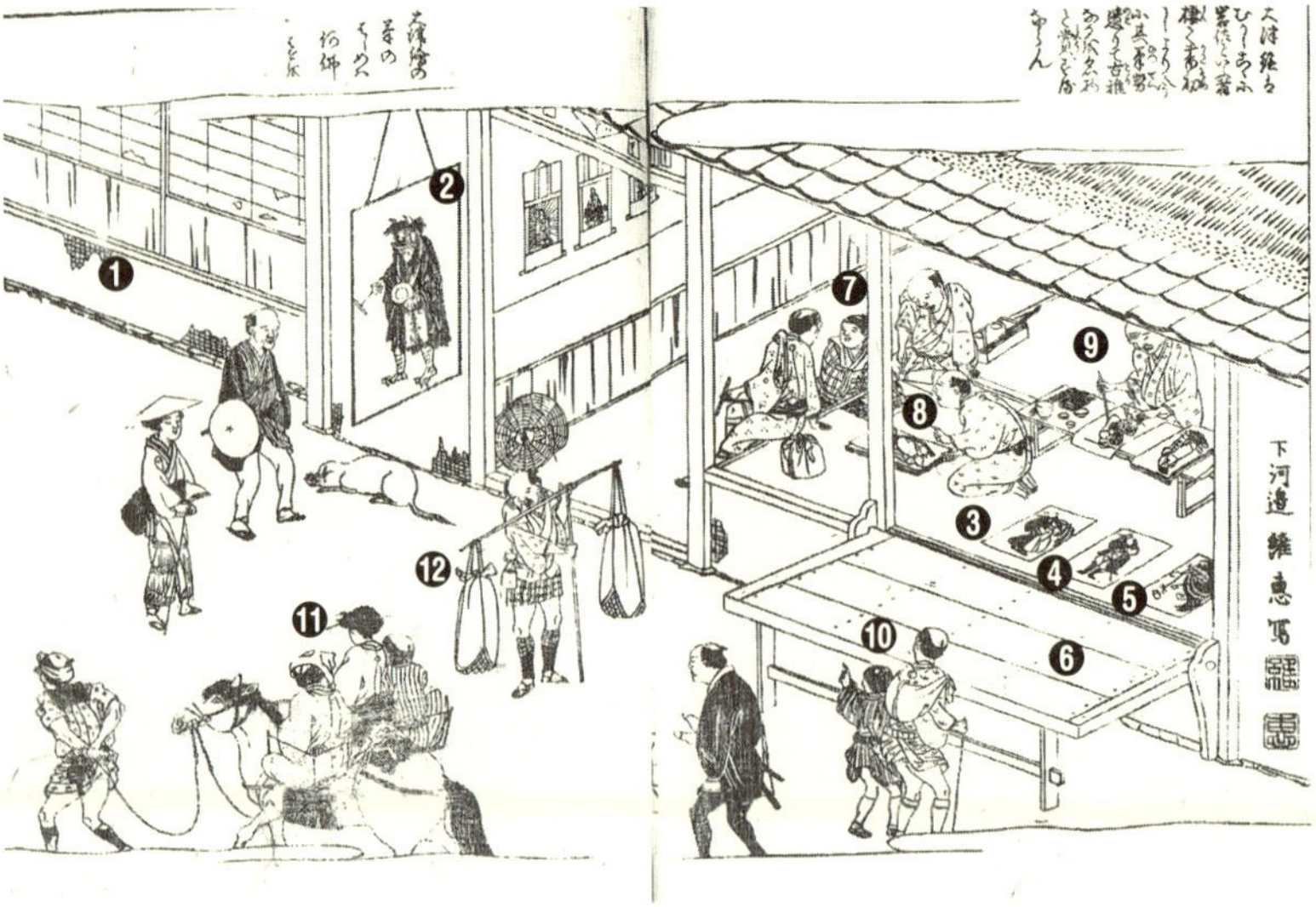

京都粟田口を出て、山科を通って、近江に出ると最初の宿場町が大津である。大津と言えば大津絵である。大津絵は大津で制作され、旅行く人に土産物として売られていたが、その店は大津宿の中心部にはなく、京都よりの大谷町にあった。そこは大坂、伏見からの「伏見街道」が南から合流する追分であったので、大津絵のことを追分絵ともいう。

『東海道名所図会』も当然のことながら大津絵の販売店の店先を描いている。大津絵は価格の安い商品であり、それを商う店もみすぼらしい。絵ではそのことを、所々の壁が落ちて、内部の小舞《こまい》竹《たけ》が見えていることで表現している。隣の家も腰壁は壁土が落ち、やはり小舞竹が見えている①。明障子もところどころが破けている。屋根は、草葺きであるが、その切り口から判断して、葭葺きと思われる。琵琶湖畔で採れる葭で屋根を葺くことが琵琶湖周辺で見られる。この絵もそのことを意識して切り口を太い葭のように描いている。軒先に瓦葺きの庇を出しているが、瓦は安い桟瓦である。

店は、典型的な大津絵である「鬼の念仏」を吊し看板として軒先に掲げている②。そして店先の壁に大きな大津絵の軸装したものを何枚も掲げ、また床にはやはり大津絵を並べている。いずれも代表的な図柄で、「藤娘」③、「鷹匠」④、「雷と錨」⑤である。その前には上げ見世が引き出されており、客が気軽に座って、絵を見ることができるようにしている⑥。三人の客が店庭に入って、

大津絵
（大津市歴史博物館編『企画展大津絵の世界』2006年）

大津絵「瓢箪鯰」
（大津市歴史博物館編『企画展大津絵の世界』2006年）

絵を前に品定めをしている⑦。手前左側の人物はキセルでタバコを吸い、肩には手ぬぐいを掛けている。その隣の少年と談笑しつつ買い物をしようとしている。旅姿ではないので、地元の親子連れであろうか。店員は身を前に乗り出して絵の説明を熱心にしているようである。客に示している絵は大津絵の代表的な図柄の一つである「瓢箪鯰《ひょうたんなまず》」のようである⑧。店の中央では、絵師が筆を執って大津絵を描いている⑨。現在で言う実演販売である。店の前では、親子連れと思われる二人がいるが、子供は看板の大津絵を指さして、親に向かって注意を促しているようである⑩。子どもにとっては興味深い絵柄が多い。

大津絵は泥絵具で描いた戯画である。絵柄は何かの判じ物であったり、象徴的に描いたものであった。書き入れに芭蕉の「大津絵の筆のはしめは何仏」という句が記されているように、もともとは仏画を描くものであった。それが次第に様々な趣向を凝らすようになった。看板に用いられていた「鬼の念仏」は好んで描かれた図柄である。

店の前の往来には、さまざまな旅人が行き交っている。一頭の馬に三人が乗っている⑪。これを当時三宝荒神《さんぼうこうじん》と呼んでいた。その手綱を曳く馬方も描かれている。店の前には、天秤棒の両側にもっこを吊し、そこに細長い袋を入れて運んでいる人物が描かれている⑫。遠くから担いできたのであろうか、店の前で肩から天秤棒を外し、息杖で支えて、一服している。女性が荷物を脇に抱えて旅する姿や、菅笠を頭から外して手に持って歩く男性の旅人も描かれ、その脇には道にだらしなく寝そべる犬までいる。季節はやや暑くなってきた初夏であろうか。

［3］山王祭（滋賀県大津市）

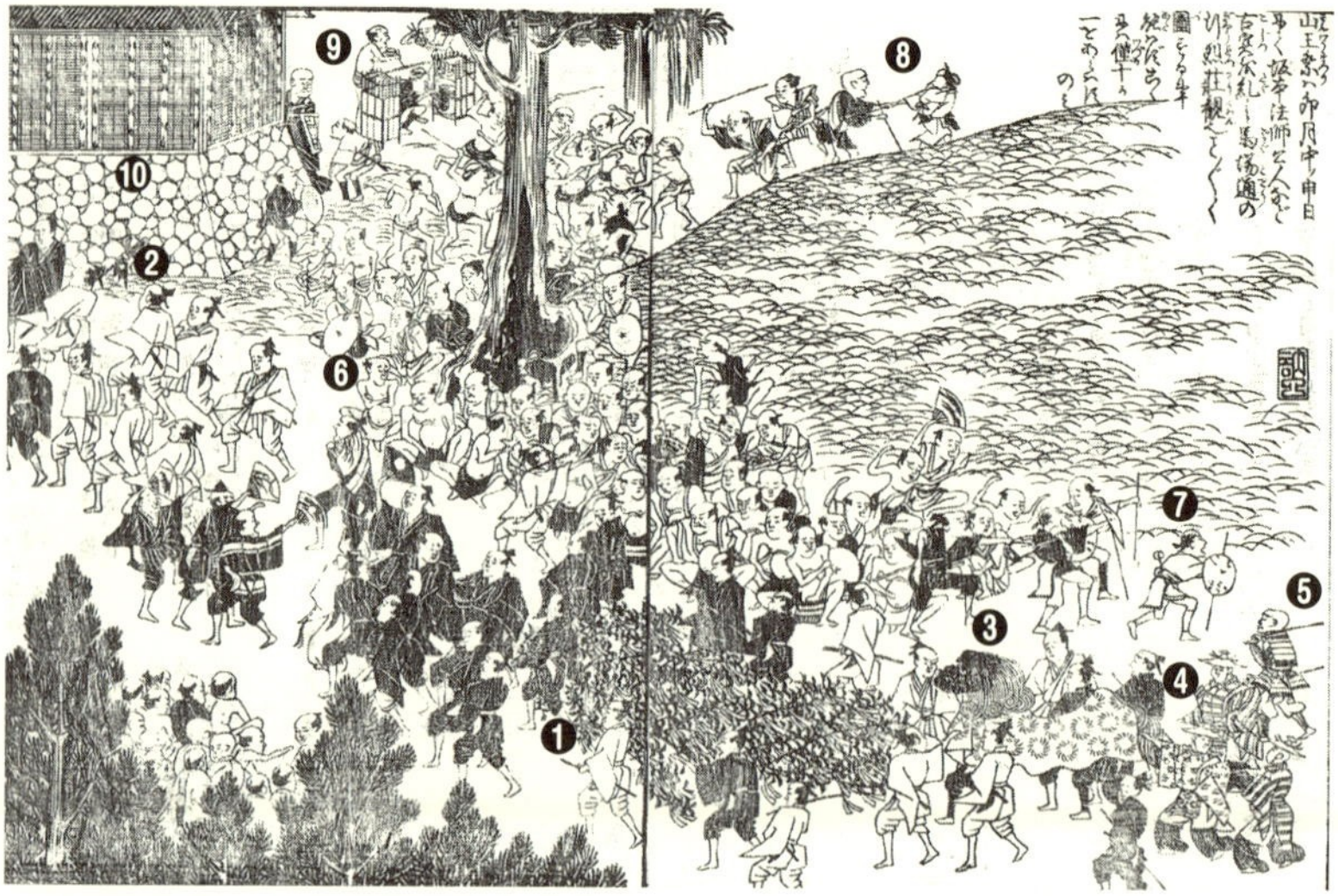

［3］山王祭（滋賀県大津市）

『東海道名所図会』は道中の挿絵としていくつかの祭礼を描いている。その最初の大規模な祭りが大津の日枝山王祭りである。現在でも大規模な祭礼として知られるが、近世には今以上に大規模で華やかであった。毎年四月に行われる。現在の祭りは、四月三日の大榊《おおさかき》神事に始まり、連日多くの神事が行われて、四月一五日の酉の神事にいたる。その中心は四月十四日である。近世には、四月中の申の日がその日であった。『東海道名所図会』はその申の日の行列を絵にして挿入している。日吉神社から大津四宮に渡御していた大榊が日吉神社へ戻る場面である。この還御の行列は大がかりで、長い。『東海道名所図会』は「山王祭は卯月中の申の日にて、坂本法師公人など古実を糺し馬場通りの行列荘観なり、ことごとく図する事能わず、こゝにはわずか十が一をあらわすのみ」とわざわざ断って掲げている。

大榊①の行列を多くの人びとが沿道で出迎えた。道に沿って見物人が座って迎えている。そのなかを行列を組んで進む。この行列の様子は『近江名所図会』が詳しく描いている。それを参照しつつ、描かれた事物を確認しておこう。行列の中心は大榊であるが、その前後には様々な役割の者が随行している。行列の先頭部分に、鉾を持った者がいる。これは幸の鉾であろう②。大榊の後には神人が付き添い、その後に獅子③、田楽④、甲冑をつけた坂本の衆徒⑤が続く。

これら行列の本隊を描くだけでなく、行列を見物する人びとや傍らを通行する人びとにも注意をしている。行列を見物していると判断できる人びとが道の両側に多いが、この人びとのなかには上半身が裸の者も少なくない⑥。行列とともに来た駕與丁《かよちょう》たちであろう。多くの見物客や通行人を統制する警護役の者たちがいる。彼等は行列を無視して歩を進めている者たちを咎め立てしている。そこから逃れようとしている者は腰に柄杓を差し、笠と杖を持っているので⑦、抜け参りに出た者と思われる。また、見物人の群れから外れた所には、子供を背負った女性に手引きされている座頭がいる⑧。そして、見物人を目当てに食い物を売りに来ている者もいる。天秤棒の両側に道具を下げ、担って売り歩いていたが、片方の箱には小さい竈を仕込んで煮炊きができるようだ⑨。脇には客が丼を手にして箸を用いて食べている。うどん屋であろうか。絵の上部に石垣が描かれ、その上に御簾で閉ざされた建物がある⑩。これは桟敷であり、延暦寺の僧侶たちがここに入って行列を見物した。

［4］草津の青花紙（滋賀県草津市）

［4］草津の青花紙（滋賀県草津市）

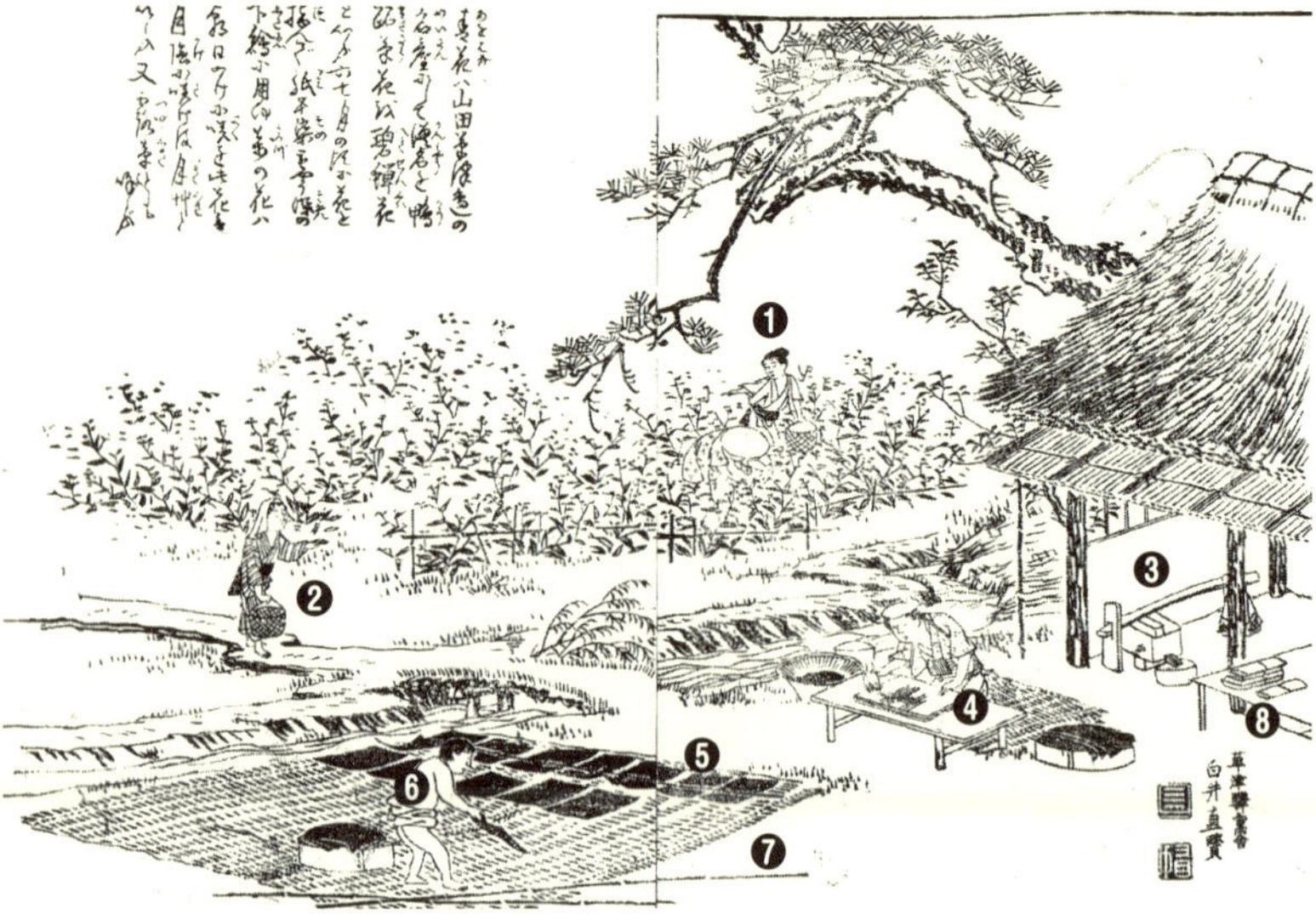

青花は露草の変種で、露草に比較して背丈が高いオオボウシバナである。青花は当時草津周辺の特産で、花から搾り取った藍色の液を紙に染みこませて、京友禅の下絵材料に用いた。京都に近いこの地方の特産物になる条件があったと言える。図には、青花の栽培と青花紙の生産の両方を一枚の図柄にしている。青花は、冬に畑に種をばら撒きし、それを春になって、株間を取って移植する。高さ一メートル程度まで生長するので、支え木を設ける。旧暦の六月から七月という真夏の暑い盛りに収穫するが、気温が高くならない朝のうちに摘む。

図では、一人の女性が畑の中で青花を摘み、籠に入れている①。もう一人女性がいる。野良道を摘み取った青花を籠に入れて家へ運んでいるところである②。青花栽培は背景として描いており、この絵の主題はむしろ青花紙の生産過程である。作業場となっている家は、屋根の描き方から判断して、茅とか藁ではなく、琵琶湖周辺に多い葭葺きの屋根のようである。家の中には青花を絞る絞り器が置かれている③。箱の中に青花を入れて、上から押さえて、さらに重石をつけた締め木で梃子の原理を利用して青花を圧搾し、汁を搾り出す。絞り出された汁は絞り器の横から流れ出るようになっており、桶に溜める。

家の前では、卓を出して、その上に紙を重ねておいて、女性が刷毛で紙に青花の絞り汁を塗っている④。横には絞り汁を入れた擂り鉢が置かれている。反対側には、汁を塗った紙を重ねておいているが、その台は篩《ふるい》を逆さにして用いている。その前の庭には筵が敷かれ、青花紙を干して乾燥させる⑤。青花の汁を塗った紙を一枚一枚丁寧に広げている。この仕事は男性が行っている⑥。広げた青花紙が乾燥してくると風に飛ばされるので、長い竹竿を置いて押さえにしている⑦。花を摘んで、青花紙に仕上げるまでを一日で完了させなければならない。従って、女性たちは毎日非常に忙しく、地獄花とも呼んだという。雨に当たると流れ落ちてしまうので、干している時は俄雨に最大の注意を払った。

乾燥した青花紙は折りたたみ、店先に置かれて売られる⑧。実際には、仲買や問屋を通して、京都方面に出荷される。青花紙はそのままで使用されるのではない。青花紙を小さく刻んで絵皿に入れて水に溶かし出し、それを筆につけて、下絵を描く。青花紙の色は容易に水で落ちるので、下書きの役目を終えた絵を消し去るのに都合が良く、手書友禅には欠かせない。

［5］姥が餅（滋賀県草津市）

歩倦驛亭遐
茲休賣餅家
出門還跨馬
到處敲吟牙
熊谷立閑

［5］姥が餅（滋賀県草津市）

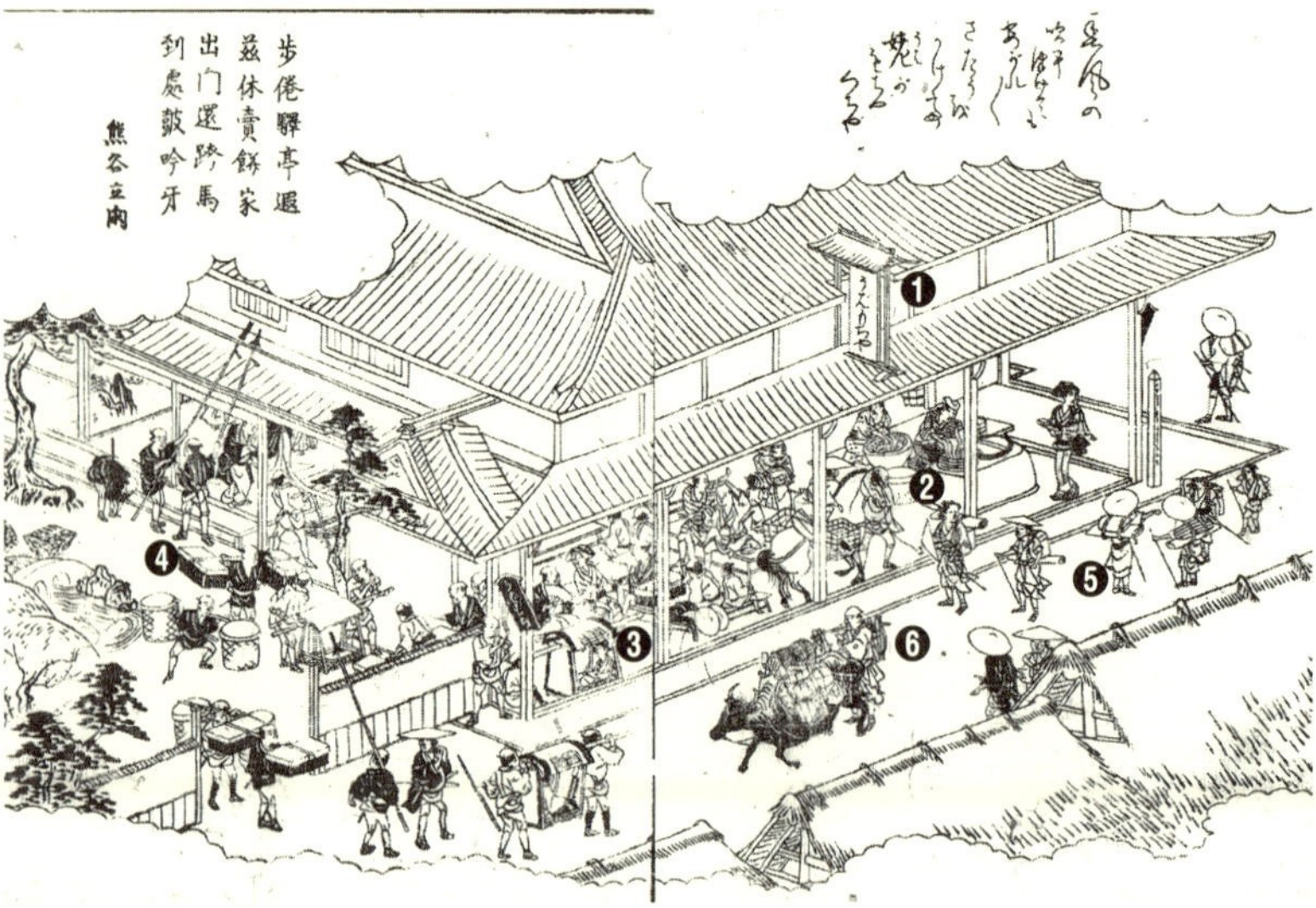

東海道が草津宿に近づくと、東海道へ西から道が合流する地点があり、石造の道標が建てられている。合流する道は琵琶湖の矢橋《やばせ》渡し場からの近道で、大津から船に乗って琵琶湖を横切り矢橋まで来るので、歩く距離が短く、旅人には喜ばれた道である。この分岐点に大きな店を構えていた「うばもちや」を描いている。

街道に面して広く大きな店を開けている。正面の庇の上には「うばもちや」の看板を載せている①。店の土間部分に竈が設置され、餡を煮て作っており、その後では鉢で餅にあんこをつけている②。働いているのは総て女性である。多くの床几が置かれ、大勢の客が座を占め、姥が餅を食べている。客の中には、子ども連れもおり、子どもを抱いた姿も見える。馬に乗ったまま店に入る者や駕籠に乗ったままの女性客もいることが注目される③。駐車場で車を降りて店に入る現在の姿とは大きく異なる。

従者を多く伴った上級武士の一行は横から庭に入り、座敷に上がって、食べたことが知られる。休息を兼ねて座敷に上がり姥が餅を食べたのであろう。いよいよこれから出発という情景である④。先ず供の者たちが、それぞれの持ち物を掲げたり、担いだりして店を出ようとしている。主人は恐らく駕籠のまま座敷に上がっているのであろう。その姿は見えない。

弘化五年（一八四八）に伊勢参宮をした讃岐の人の道中日記「伊勢参宮献立道中記」（『日本庶民生活史料集成』二〇所収、一九七二）は、旅の途次に宿泊した旅籠や立ち寄った料理屋、茶店など食べた献立を詳しく記録しているが、そこに草津姥ケ餅が記録されている。店が大変賑わっていること、また姥が餅は大変美味しいこと、そして餅には上品・下品の二種類があることを記している。

路上には西国巡礼の女性たちと思われる出で立ちの姿も見える。各人莫蓙を巻いて背中に載せ、笠を被り、杖をつくという共通の出で立ちである⑤。一番後には少年が一人ついている。また牛の背中に荷物を載せた運搬姿も見られる⑥。平野部で荷物を牛に運搬させるのは西日本での姿である。東日本では、山間部を除いて、一般的に馬による輸送であった。

姥餅屋は明治になるとこの場所を離れ、鉄道敷設後は草津駅の近くに移転した。現在も草津名物として製造販売されている。

［6］草津追分（滋賀県草津市）

東海道
中仙道木曽街道

［6］草津追分（滋賀県草津市）

草津は東海道と中山道の分岐点である。その追分を『東海道名所図会』は当然ことながら描いている。京都方面から草津に入り、草津宿の賑やかな街並みを過ぎると分岐点となる。当時は追分と呼んだ。その分かれ道には、人間の背丈よりもはるかに高い、大きな石の道標が立っている①。左側には「中仙道木曽街道」、右側には「東海道」と彫られている。追分のすぐ北側は、天井川《てんじょうがわ》として有名な草津川が流れている。草津川は普段はほとんど水はない。中山道は、ここから天井川への堤防を登り、水が流れていない河原を歩いて北側に越える。図は天井川の土手を大きく描いており、京都に向かって歩く旅姿の武士が土手を登りきって、草津側に下りようとしている②。そして、ここで大きく曲がって土手に沿って東に進むのが東海道であ

る。東海道はここから数百メートル上流に行った地点で草津川を渡る。

道標と並んで高札場があり、高札が掲げられている③。宿場の入り口に設けられた高札場である。図の描く情景は、どこからか猿を連れ、また猪を檻に入れて運んできた男性二人組が追分に到着して一休みしている様子である。猿を連れた男は、猿をつないだ綱を口でくわえて逃げないようにして、上着を脱いで埃を払っている④。猿は道標の上に乗って、人々の動きを見ている。檻に入った猪を物珍しく見ようとして近所の人々が出てきたことを示す。子供達は猪をのぞき込み、手を伸ばして猪に触れようとしている⑤。母親におんぶされた子供は道標上の猿に興味を示す⑥。猿と猪は恐らく鈴鹿山中で生け捕りにされ、京都か大坂に運んで売りさばこうとされているのであろう。猿の紐をくわえる男性と草鞋をもってタバコをくゆらす男性⑦の二人がこれを運んでいる人物であろう。この情景は、山の世界と平野の世界の結節点として草津を設定している。草津を過ぎるといよいよ上方とは異なる別世界が広がっていることを猿と猪で暗示している。

現在も旧東海道・中山道は、近世と同じように走っているが、中山道は天井川の草津川の下をトンネルで抜けている。鉄道の東海道線も同様に川の下をトンネルで抜けている。鉄道開通後は、草津駅が草津川の北側約三〇〇メートルの所に設けられて、そこに中心街が移り、かつての草津の宿場は静かなたたずまいを示している。草津本陣もかつての姿をとどめている。トンネルの南側には、絵と同じように石造の道標が立っている。絵の道標とは異なる。文化一三（一八一六）年に建てられた道標で、やはり「左中仙道みのぢ」「右東海道いせみち」と刻されている。

［7］和中散（滋賀県栗東市）

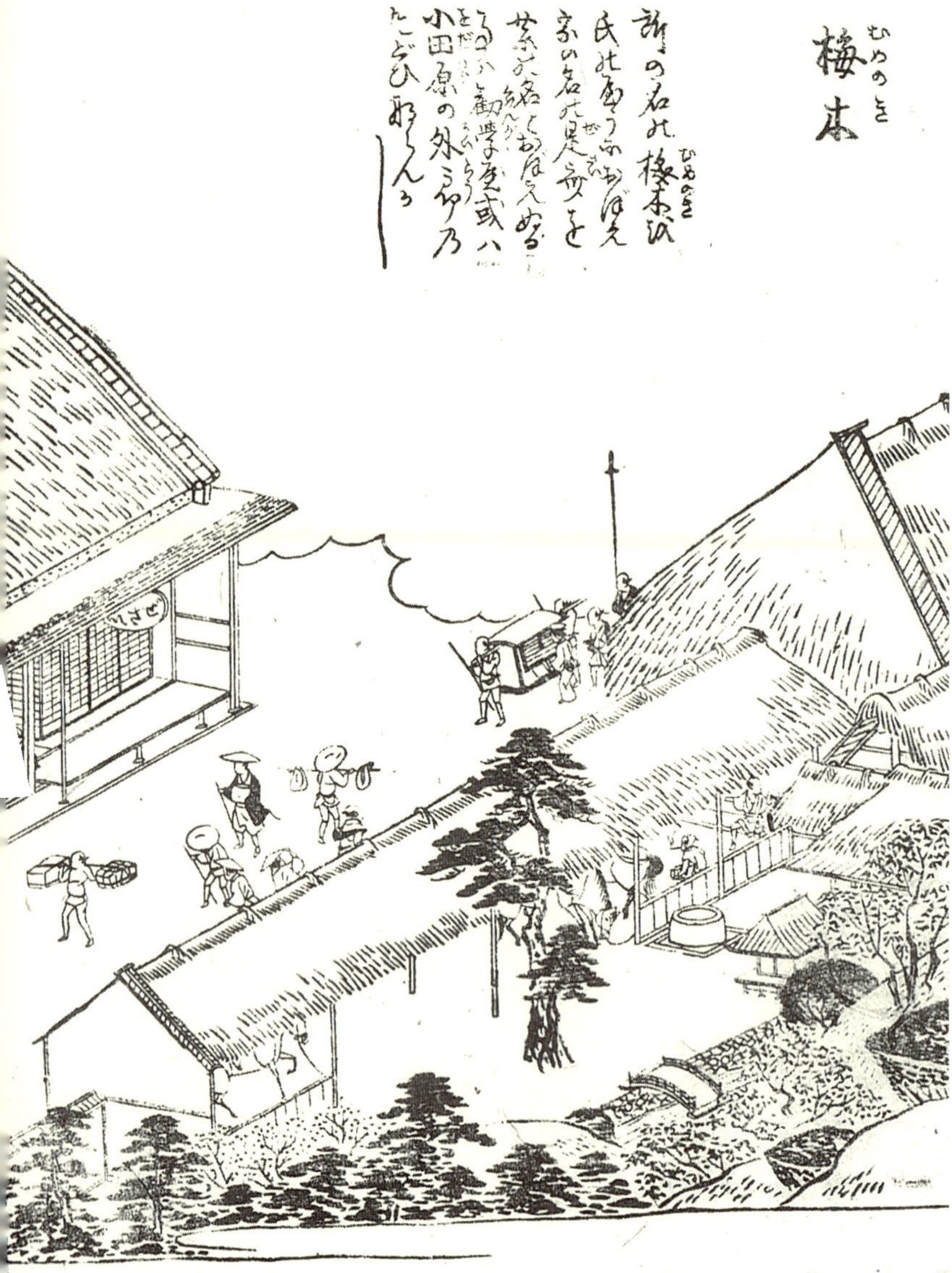

［7］和中散（滋賀県栗東市）

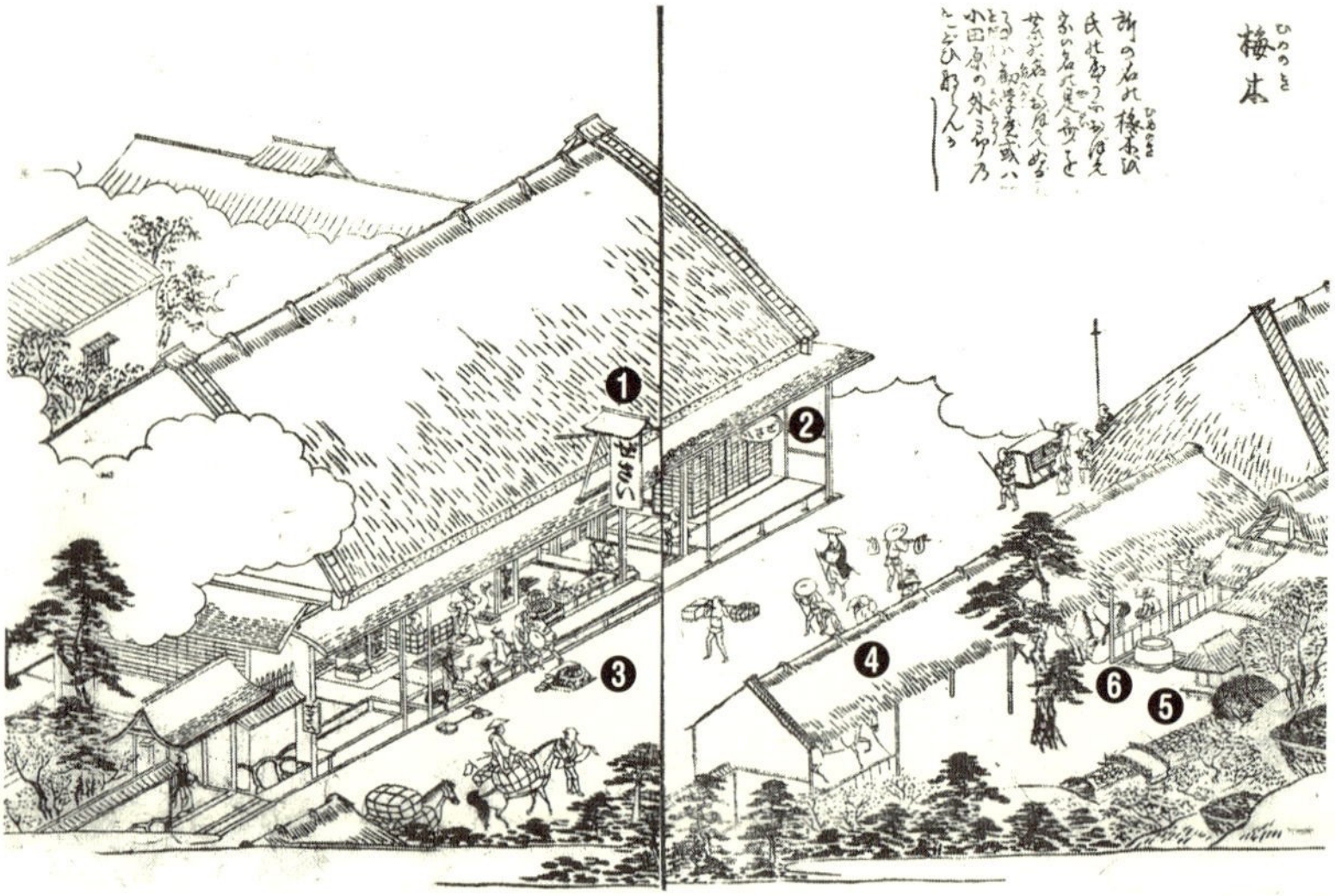

東海道の草津宿を出て、次の宿である石部《いしべ》宿の間には街道に面して多くの村があるが、その一つの六地蔵村梅木（現栗東市六地蔵）は殊に有名である。この村には薬屋が何軒もあり、和中散《わちゅうさん》という薬を製造販売していた。『東海道名所図会』もその一軒の立派な店構えを描いている。絵に描かれた店は、和中散を捌く店の中でも本家とされる家で、大角《おおすみ》姓を名乗っている。大きな店だけでなく、その向かい側に馬をつないでおく長屋まで描き込まれている。現在も基本的に同じ配置でその姿を示している。現在は建物はいずれも瓦葺きであるが、当時は葭葺きだった様子が示されている。大きな棟の母屋の屋根には、その端に降り棟がつけられ、豪壮な様相を強めている。

店の庇の上には「ぜさい」と記された看板がつり下げられ①、軒下にも「ぜさい」と記した看板を下げている②。「ぜさい」は六地蔵村梅木で和中散を売る店の屋号で、数軒の家が同一屋号を用いていた。図に描かれたぜさいはその中でももっとも大きい大角家の店である。店先には和中散が置かれ、客が買い求めている。奥には帳場がある。建物の右側の部分は障子戸が立てられ、内部が見られないが、残された建物ではこの部分に薬製造の道具類が置かれており、薬製造の場所であった。

東海道に面した店であるが、道路上に手水鉢が置かれている③。旅人が手を洗い、あるいはのどを潤すためのサービスであろうか。この店を描いた他の図像には見ることができない。街道を挟んだ反対側には、長屋状の厩があり④、馬で来た来客用に使用されるのであろう。その厩をくぐり抜けた所に薬師堂⑤と立派な井戸⑥がある。この全体配置は今も残されており、ほぼこの絵の通りである。東海道を行き来する旅人は、この店により、薬と湯茶の接待を受け、旅の疲れを癒した。大名などは屋敷内に入り、座敷で休憩した。

和中散は食あたり・暑気・熱病みなどに効く薬で、旅には不可欠な道中薬として有名であった。六地蔵村梅木には、絵に描かれた大角家だけでなく、外に数軒あった。医者であったシーボルトが江戸へ上る旅路で、この和中散に立ち寄っており、そのときの様子を『江戸参府紀行』に詳しく記している（ジーボルト〈斎藤信訳〉『江戸参府紀行』東洋文庫八七、一九六七年、一六四頁）。

駐車場となった厩と奥の薬師堂

［8］富田の焼き蛤（三重県四日市市）

四日市み追年
せ紋しく名の
　　　　　　　　　　　　　　　　　　　笠鞭うらゝ
　　　　　　　　　　　　　　　　　　む八儚見しく
　　　　　　　　　　　　　　　　　　秋の名みじ
　　　　　　　　　　　　　　　　　　和かな筋ば
　　　　　　　こよぶろう　とん
　　　　　　　　　家かゞ筝慈
　　　　　秋　〳〵
　　　　　立うさ
　　　　　月の香も
　　　　　　えだ
　　　　ひくるゝ
　　　　蕗る
　　これかゞとくか
　　　　　　　　と成
さんな名産の白矢
喰ふしあくひゝん
　　　　　　うし

［8］富田の焼き蛤（三重県四日市市）

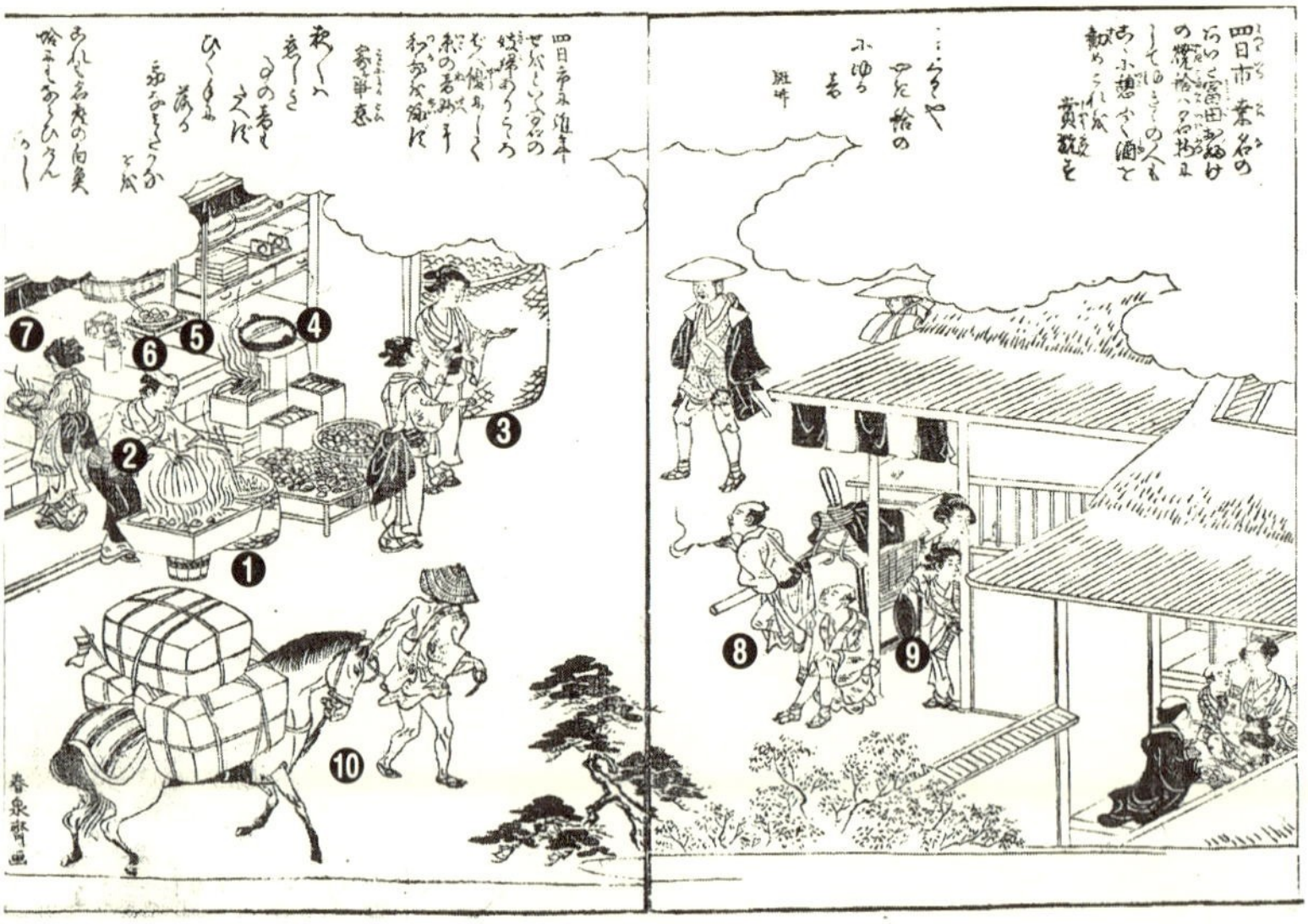

四日市から桑名への道中は伊勢平野の水田が広がるなかを通っていく。その途中の富田《とみた》は人家も多く、店も並んでいたが、焼き蛤が街道筋の名物であった。店頭に蛤を焼く竈を設え、そこで実演して、いかにも美味しそうな匂いを流し、客を呼び込んでいた。「桑名の焼き蛤」として有名であるが、実際には桑名ではなく、桑名と四日市の中間の富田（現四日市市）と小向《おぶけ》（現朝日町）の茶店で売っていたのが本物で、美味しく、桑名でも焼き蛤は売られていたが、桑名の町で売られていたものは不味いとされた。東海道を京都や伊勢神宮を目指す客は、「桑名の焼き蛤」と聞いているので、桑名の街中の店を有名な焼き蛤と思ってしまうが、それは間違いで、「その手は桑名の焼き蛤」と唄ったのだという。桑名の名物は、今もそうである

が、「桑名の殿様時雨で茶々漬け」と言うように、貝の時雨煮である。富田や小向は伊勢湾の海が近く、そこで採れた新鮮な蛤を使うので美味しいと評判が高かったのである。『東海道名所図会』は富田の焼き蛤の店を描いている。

街道を多くの人が行き来しているが、その旅人を呼び込み、焼き蛤を供する様子が具体的に分かる。先ず店先に設けられた蛤を焼くための竈である①。蛤を焼くときに用いるのは松葉であることが大きな特色である。この辺りの山は松が多く、松の葉を集めて燃料とすることは一般的なことで特に変わった珍しいことではないが、蛤の焼き上がりに松の匂いが一段と良い風味を付け加えたという。図でも、竈の横に置かれた籠には松葉と松ぼっくりが入れられている。ただこの図では蛤を焼いている網が桶の上に置かれているようであり、不自然である。実際には、下から松ぼっくり、松葉を燃して、その上で焼いた。この点を明確に描いた絵もあり、確認することができる。蛤を焼く女性店員は、団扇で上から煽っている②。これは匂いを広げるためであろう。燃料を入れた籠の横には、蛤を載せた縁台が置かれている。また籠のなかにも蛤が入れられており、わざわざ行き交う旅人に蛤を見せている。店先で蛤を焼いていれば、その美味しそうな匂いが客を誘い込んだ。さらに店先には若い女性による呼び込みも行われた③。賑やかな声で旅人を引き留め、蛤の焼く匂いを流して、客を店に誘導するのである。

店の内部を描いている。蛤を焼いている女性の背後に、竈があり、そこでは蓋をした鉄鍋が懸けられている④。これは蛤の吸い物を作っているのであろう。そこから上がった板張りの床の上に

富田の焼蛤（『伊勢参宮名所図会』）

は、焼いた蛤を客に出すための食器類が示されている。大皿に蛤を入れ、それを膳に載せて置いてあるし⑤、その横にはちろりが置かれていて⑥、客に出されるのを待っているのであろう。食器棚には膳が伏せられている。土間には店員が吸い物を入れた椀を盆に載せて座敷に入った客の所へ運んでいるのであろう⑦。

道の反対側にも店がある。茅葺きに板の庇を出している。この建物が店であることは、庇の下に暖簾が飾られていることで分かる。暖簾の下に店の開口部があるのであろう。この店の座敷に入った客が描かれている。客は子ども連れの一家のように見える。店の入り口には駕籠が置かれ、駕籠かきの一人は支え棒にもたれ、煙草をくゆらし、もう一人は柱にもたれて座り込んで、いずれものんびりしている⑧。客が座敷に上がって焼き蛤を食べ終えて出てくるのを待っているのであろう。店の入り口には、お盆を持った店員が座敷をのぞき込んでいる⑨。

街道には往来する人びとがいる。注目されるのは、大きな荷駄を三つ付けた馬である⑩。編笠をかぶった馬子が手綱をもって牽いている。

同じ年に刊行された『伊勢参宮名所図会』でも、同様に、富田の焼き蛤の店を二軒大きく描き、店先で団扇を叩きながら蛤を焼いている様子を示し、また街道を行き来する人びとも多く賑やかである。その図によれば、茶店は軒先に「名物志ぐれ蛤」の看板を出し、焼き蛤だけでなく、時雨蛤、また魚の煮物なども出していたことが分かる。右側の店の奥に設えられた竈には鍋が置かれ、煮物を作っている。左側の店では土間に俎板を置いて、魚をさばこうとしている。

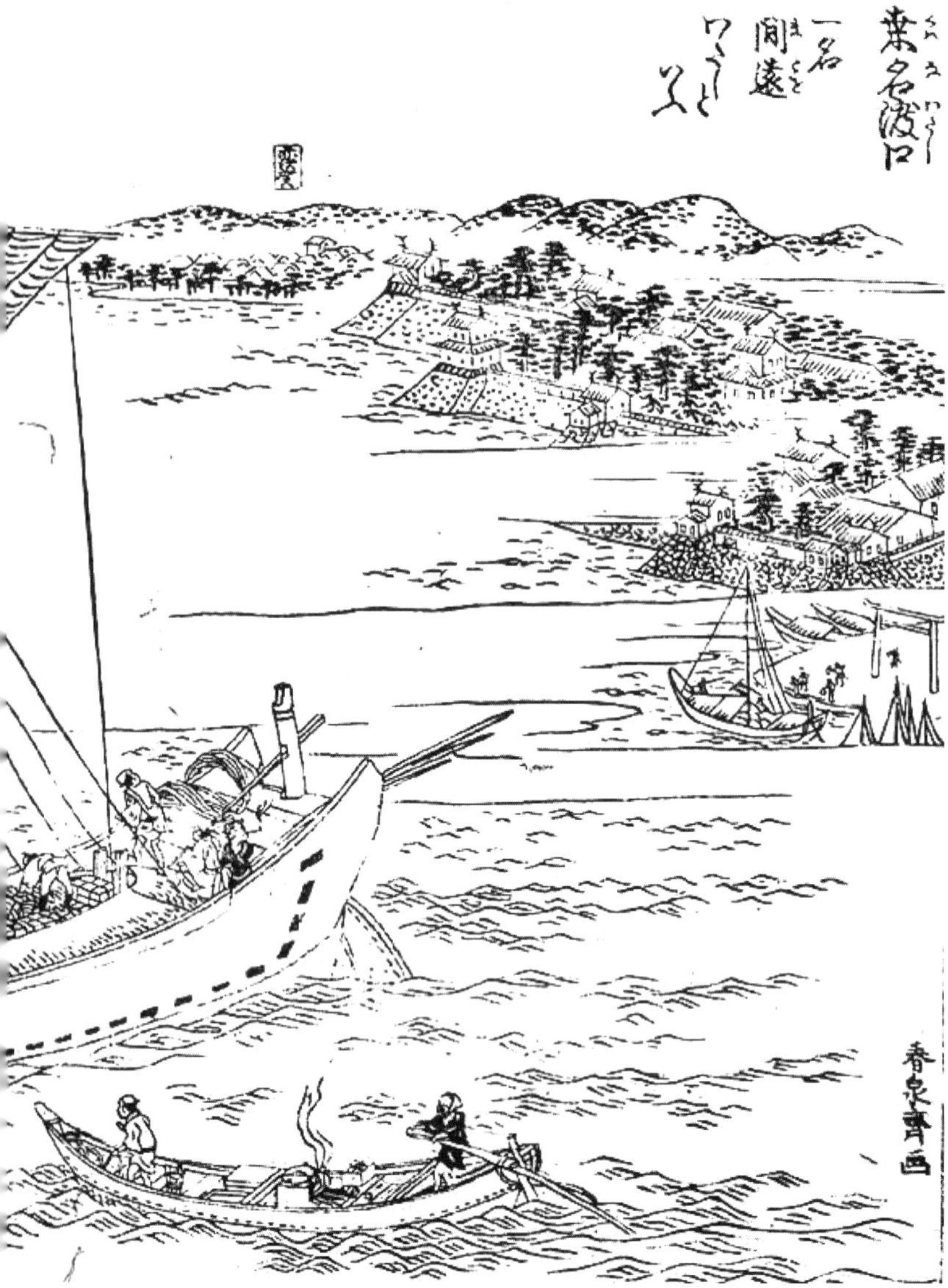

［9］桑名の湊（三重県桑名市）

2 東海道を歩く

忘れめや
服部名広
真帆ふかと
あら浪の朝漂うか
　　　朝夕

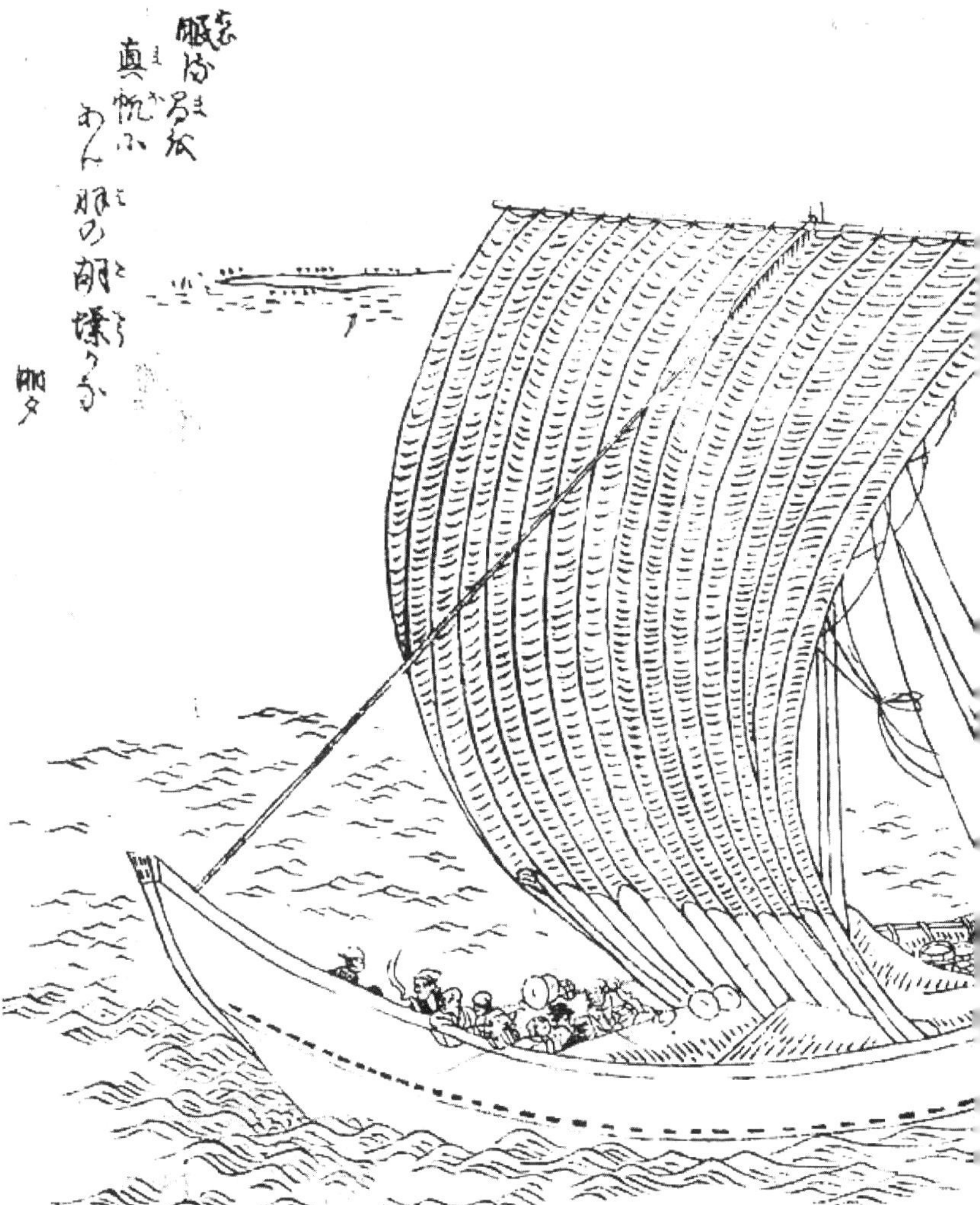

［9］桑名の湊（三重県桑名市）

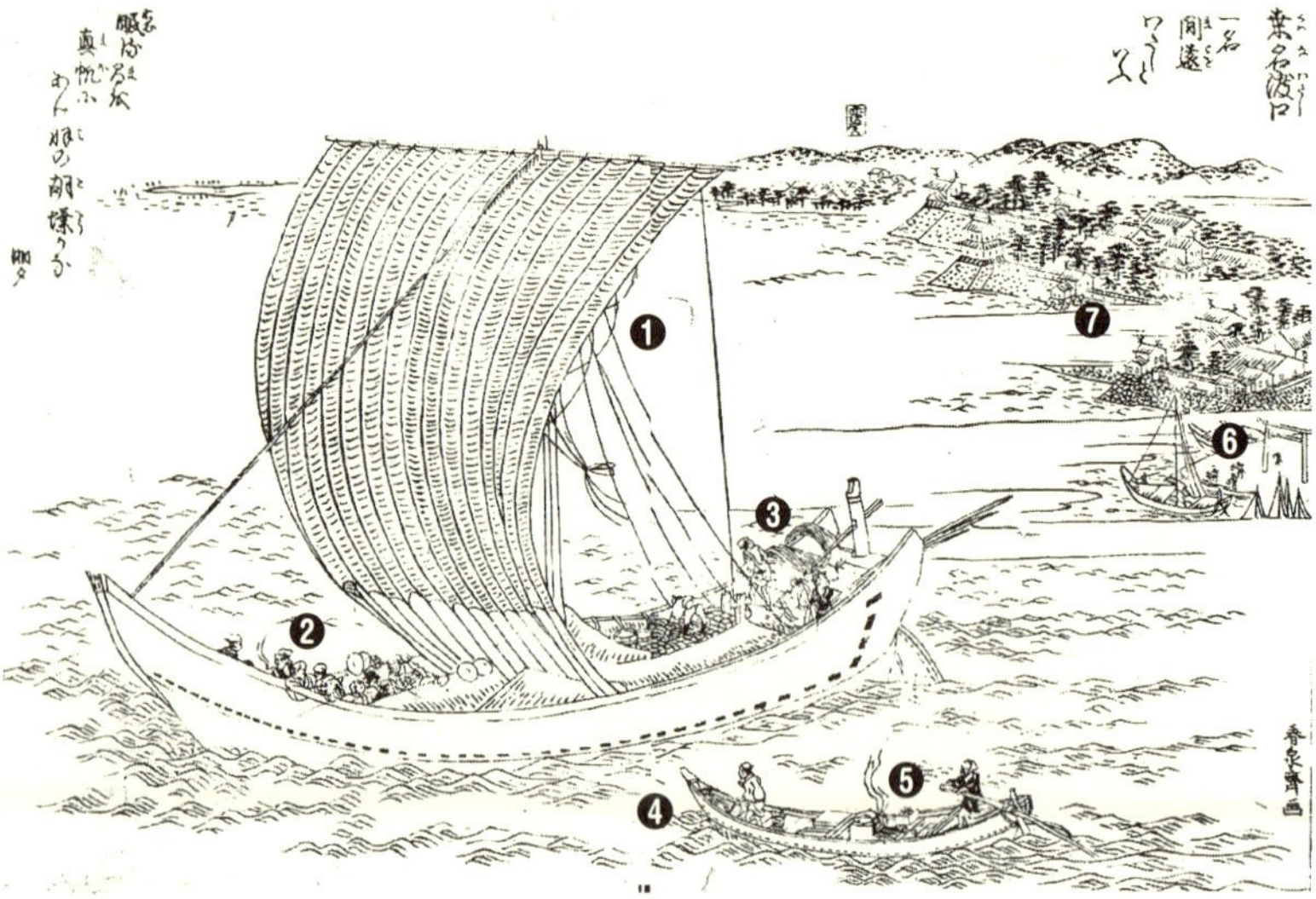

東海道の中で唯一海上を移動するのは、伊勢桑名から尾張宮までの七里の渡しである。別名間遠《まとう》の渡しという。伊勢湾を斜めに横切るので、時間も短縮できた。もちろん佐屋廻りという陸上の迂回路もあった。それを利用するのは風雨が烈しい時で、普段は多くの旅人が海上を船で渡った。『東海道名所図会』も当然この渡しの様子を取り上げて描いている。中央部に大きく渡し船を描いて、背景として桑名の湊を描きこんでいる。渡し船は大きく帆を張って、桑名の港を出て宮へ向かおうとする情景である①。渡船は貨客船で、乗客は専ら舳先にかたまっており、ともには貨物が積まれている。出帆して間もないので、波も穏やかであり、船客たちののんびりした様子を煙草をくゆらす姿で示している②。『久波奈名所図会《くわなめいしょずえ》』（一八〇四年）によれば、寛政末年での桑名・宮間の船賃は一人五四文であった。そして、船は船頭の数によって船の大き

さを表し、乗客の定員を決めていた。三人水主は三四人乗り、四人水主は四〇人乗り、五人水主は四七人乗り、六人水主は五三人乗りであった。図の船は水主が四人乗り組んでいるように見えるので③、四〇人乗りだったと判断できる。また荷物はその大きさなどで人数分に相当する船賃を取った。荷物一荷で一人前、挟み箱一荷で一人前、長持ちは一棹で大きさによって五人前ないし六人前などであった。

この渡船に向かって、艪を漕いで近づいていく一隻の船が描かれている④。その船の胴の部分には竈が設えられ、火が燃されている。上には鍋が懸けられている⑤。何か煮炊きをしているのであろう。船の舳先には一人の男が立ち、渡船に声を掛けているようである。煮売りの船で、渡船の乗客に船中での食べ物・弁当を売っているのであろう。また角樽も見られるので、酒を売っていることが知られる。『東海道中膝栗毛』では、「あきなひ舟」と表現している。

背後に今出てきた桑名湊が描かれている。湊には別の渡船が着岸しようとしており、それに乗ろうとする人びとが岸で待っている。そこには大きな鳥居が建っている⑥。伊勢神宮の一の鳥居である。着船してこの鳥居を潜ることでいよいよ伊勢に来たという実感を持ったことであろう。一の鳥居は、『久波奈名所図会』に「当所は伊勢路のはじめなる故、諸国より伊勢参宮の人々に神の御国の入口なるを知らしむべき為に、天明年中に伊勢両宮の鳥居を創建す。よつて一ノ鳥居といふ」と記されているように、古いものではなく、『東海道名所図会』刊行の一〇年ほど前に立てられた。後方に桑名城が見える⑦。この城は海に面している。いくつもの櫓に鯱が載せられており、立派な城の構えであることを示す。建物の間に松が生い茂って、緑濃い所であったことが窺われる。

[10] 池鯉鮒の馬市（愛知県知立市）

[10] 池鯉鮒の馬市（愛知県知立市）

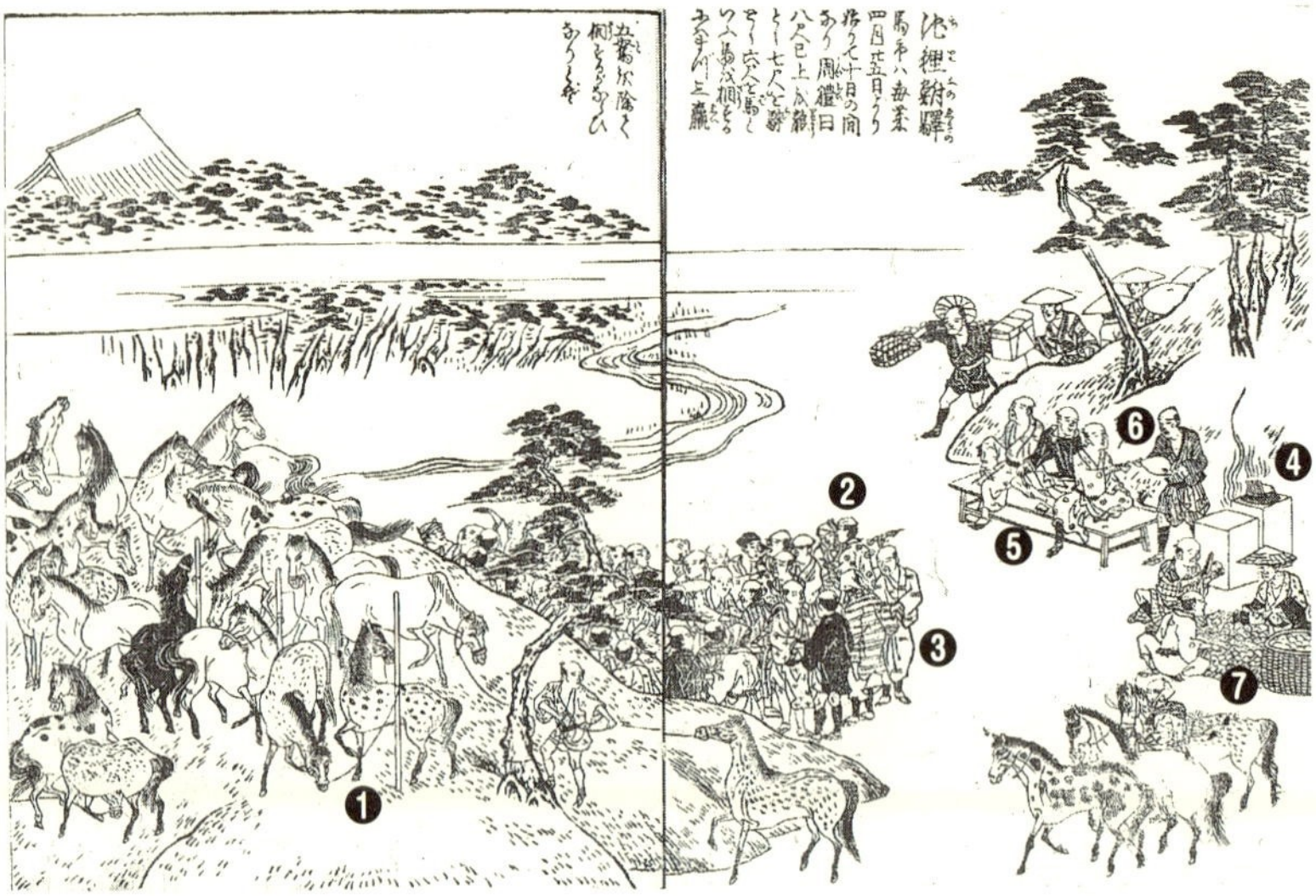

池鯉鮒《ちりゅう》は現在では知立と書く（現愛知県知立市）。名古屋市の近郊都市という印象が強い。知立の馬市は大規模なことで有名であった。『東海道名所図会』もその様子を描いている。本文でも「毎年四月二十五日より始まりて五月五日に終る、駅の東の野に駒を繋ぐ事、四五百にも逮り、馬口労、牧養集まりて、馬の価を極むるを談合松といふ。この野の東北に駒場村といふあり、駒を宿す所なり、また野中に桜馬場といふあり、近き年まで桜多し、毎歳この市の間は駅中大いに賑ひて諸品の市店を錺りて、近国より控馬卒、馬長聚まる事多し」と記している。これにより、馬市は通年開かれているのではなく、四月二十五日から五月五日の一〇日間で、その間に四、五百頭の馬が売買されたという。その馬市開催中は各地から多くに人が集まり、それを目当てに多くの出店が出さ

れたという。『東海道名所図会』より一世紀ほど前に制作された『東海道分間絵図《とうかいどうぶんけんえず》』（一六九〇年・菱川吉兵衛作・菱川師宣画）にも池鯉鮒宿の東北側に一五頭ほどの馬が描かれ、「此原ニ四月三日より五月五日迄馬市有」と書き入れされている。この記事が正しければ、馬市は一ヵ月間開かれていたことになる。何時からか一〇日間に短縮されたと言えそうである。

絵は多くの馬が野原に集められていることを描く。杭が打たれ、そこへ馬は繋がれている①。その馬の数は二〇頭、今まさに曳かれてきた馬が三頭いる。その下に人びとが群がっている。ただ雑然と集まっているように見えるが、少し丁寧に観察すると、多くが二人一組になって向き合っていることが分かる。しかもその二人は互いに耳元で話している組もあるが②、多くの二人組は互いに腕を相手の袖の中に入れている③。これは各地の馬市でも行われていたことで、袖の中で売値・買値を指先で示して、商談をする方式であった。

市の立っている周辺には店が出ている。縁台を置き、その横には煮炊きをする竈も置いてある④。縁台には三人の客がくつろいでいる⑤。一人は店の者から瓢箪に入った酒を注いで貰っている⑥。脇の竈には羽釜が据えられ、そこには多くの串が立てられている。酒の肴の田楽であろう。その手前には、地面に筵を敷いて、果物を盛り上げて売っている⑦。籠にもいっぱい入っている。その果物は蔕《へた》が付いており、やや平べったい形状から判断して柿であろう。客は柿の皮を庖丁で剥いている。その場で食べるのであろう。ただし、柿は秋の終わり頃に熟して食べられるので、四月から五月にかけて市で売られるの不自然であり、謎である。

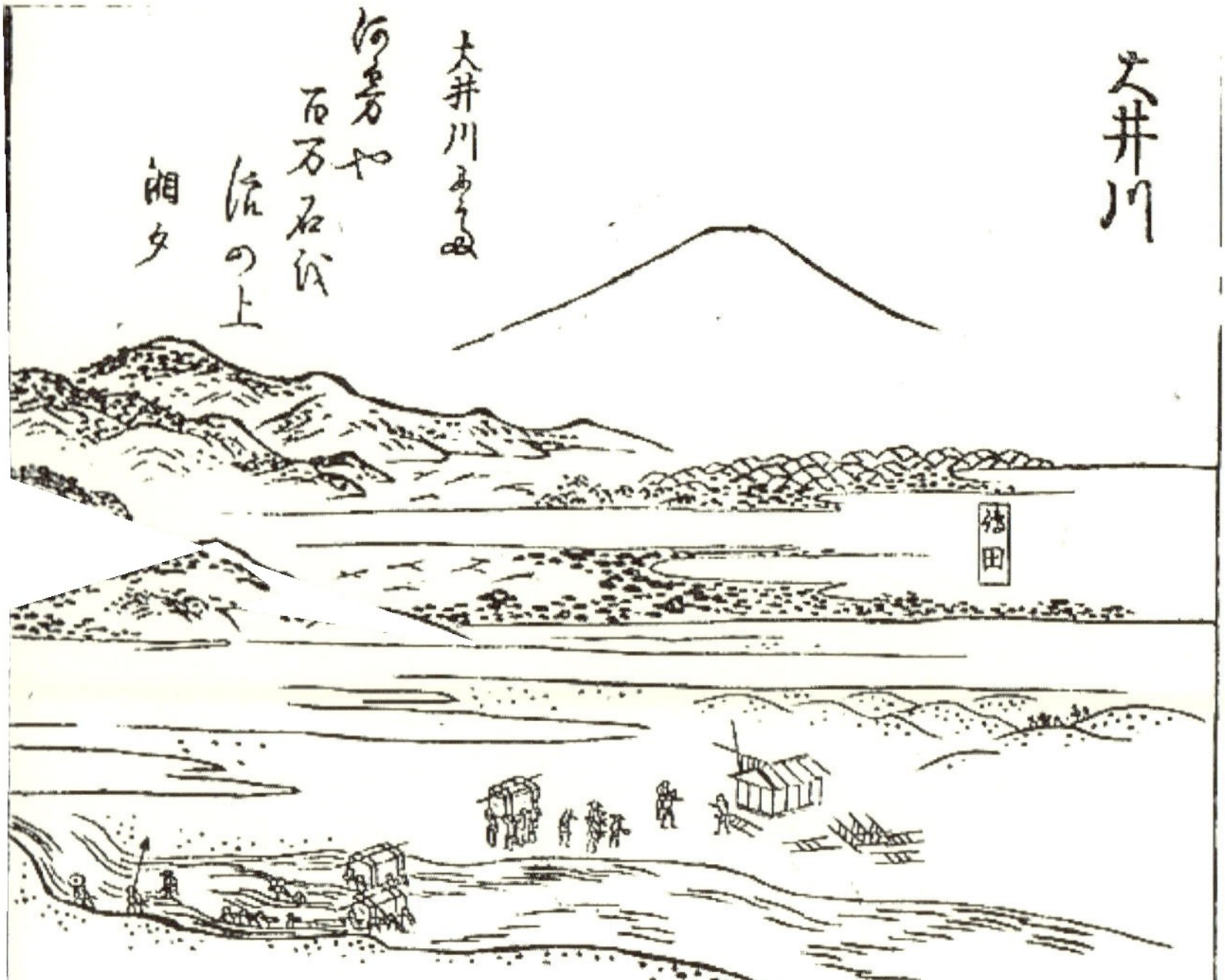

〔11〕大井川の渡し（静岡県榛原郡金谷町・島田市）

大井川
[illegible]之圖

旅客憑陵慎渉過
横天湍瀬急頽波
水光倒走中山樹
石勢轟流大堰川
決口年年沈白馬
防堤處處卧蒼虬
早知夏后行無事
安得成功濟世多

乙卯仲夏従東関
帰路向嶋田駅長
大久保氏家主人猶屡
大井川渡丁其芳志
殆厚矣

［11］大井川の渡し（静岡県榛原郡金谷町・島田市）

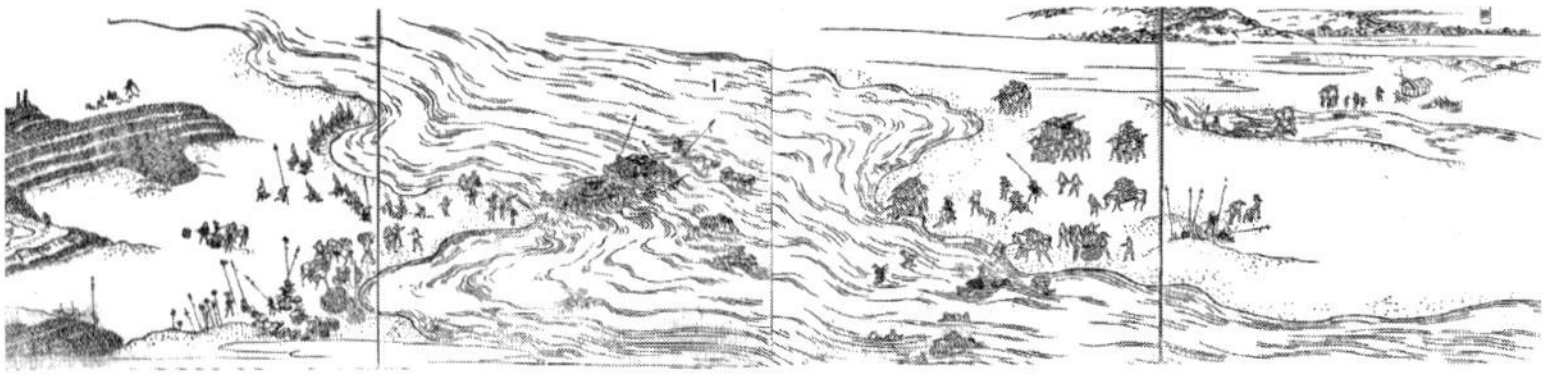

大井川は東海道の中でも最も有名な場所である。幕府の政策によって、橋が架けられず、また船も利用せず、流れの中を人びとが歩いて渡った。旅人が自ら流れに入ることはできないので、さまざまな渡河方法が採用された。『東海道名所図会』の作者は大井川の渡しに大いに注目したらしく、大井川の渡しの場面を四ページにわたって挿入している。ここに掲げた横長の絵はそれを接続させてパノラマにしたものである。大井川の渡しを下流から鳥瞰しており、図の右側が左岸の島田、左側が右岸の金谷《かなや》である。

次の絵はそのうちの大井川の左岸、すなわち東側の様相を示している。島田から大井川を渡る場面となる。川の土手際に川会所があり、旅人はここで渡河のための手続きをする①。渡河方法によって必要な人足が異なり、その必要人数分の川札と呼ばれるチケットを購入し、それを人足に手渡して渡して貰う。その川札の料金は、その日の水量によって決められ、「八十文川」とか「九十文川」と言った。川札は人足一人について一枚必要で、平常の水量で肩車によって渡る場合は、人足一人、すなわち川札一枚で良かったが、増水すると補助の人足が一人つくので、川札は二枚必要であった。また輦台《れんだい》で渡る場合は、輦台の種類によって輦台の経費とそれを担ぐ人足の川札を必要とした。最も簡

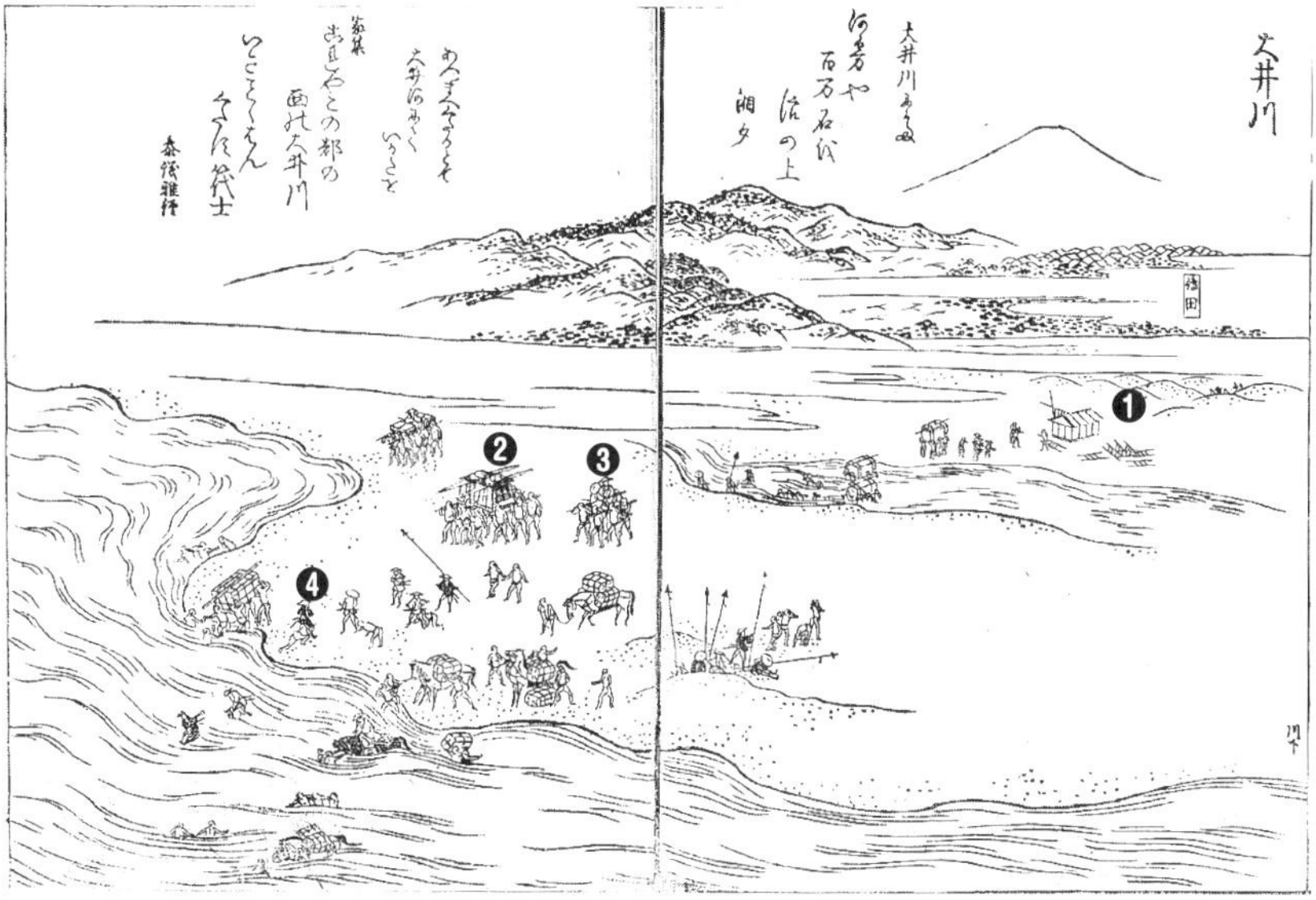

単な梯子状の輦台である並台の場合は、台札が二枚、人足四人で川札四枚の計六枚が必要であった。これが四本手摺り二本棒という高級輦台になると、台札は二四枚、それに人足一二人の川札十二枚、合計三十六枚が必要であった。従って、その日の川札代金が九四文であれば、金額にして三貫三八四文となった。また、荷物の運搬にもそれぞれ種類によって料金が決められていた（以上、『島田市史』中、一九六八年、参照）。図には様々な渡河方法が描かれている。中洲の中央部には、駕籠をのせた四方手すり四本棒の輦台を大勢の人足が担い②、並台と呼ばれる小さな一人のりの輦台を五、六人の人足が担っている③様子、肩車をしようとしている人足④、また荷物を運ぶ種々の方法も描かれている。大井川の渡しの具体的様相を描き出している興味深い図である。遠くには富士山が描かれ

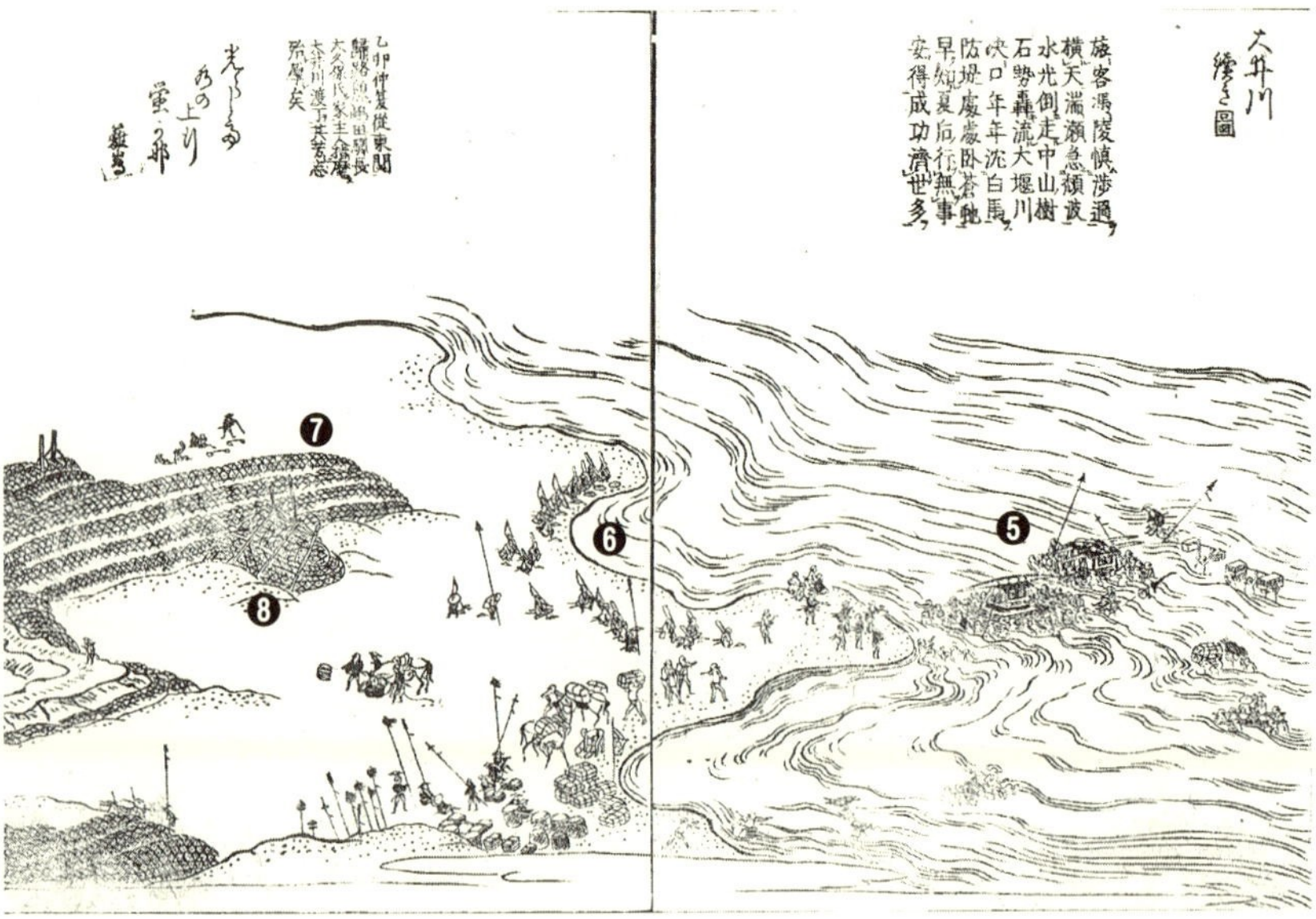

ている。大井川を下流から眺めたのは、富士山を描き入れたいためだったと考えられる。

上の絵は、江戸から上ってきた大名行列一行が今まさに流れを渡りきって金谷側の岸に到着しようとしたところを示している。四方手すり四本棒の輦台に駕籠が載せられていて、それを大勢の人足が担って運んでいる⑤。駕籠の主は、駕籠のなかに座ったまま川を渡る。その背後にも駕籠を輦台に載せて運ぶ様相が示されている。家来たちはすでに岸に到着し、岸辺に控えて、殿の到着を待っている⑥。荷物もすでに岸に上げられ、ここから再び行列を組んで進むための準備に余念がないことがうかがわれる。

到着地点の背後には護岸装置が見られる。堤から流れに向かって突き出された、蛇篭を積み重ねた大籠出《おおかごだし》⑦とそこからさらに流れに向かって出された瘤出《こぶだし》⑧は、増水したときの流れを弱めるためのものである。瘤出は大きな木枠である合掌木《がっしょうぎ》で押さえられている。このように設置して水を制御する方法について、『地方凡例録《じかたはんれいろく》』（一七九二年）は「大籠出」として「是は駿州富士川・阿部川・遠州大井川等にて仕立る水刎なり、長さは二三十間より段々其場処に応じ何ほども長く出す」と説明している。この技術はいわゆる甲州流の土木技術で、「此普請は余国にはなし」としている（大石久敬・大石慎三郎校訂『地方凡例録』下、一九六九年、二一〇―二一二頁）。甲州流の土木技術を記した『御普請一件』（一六八八年）では「駿州富士川・安倍川・大井川大籠出の事」と題して、水の勢いの強い大川で採用されるとして、その設置方法を説明している（「御普請一件」『日本思想大系』六二所収、一九七二年）。なお、これらが図入りで説明している大籠出は、上流に向かって瘤籠（『地方凡例録』）あるいは瘤出（『御普請一件』）を設置するとしているが、『東海道名所図会』のこの図は下流に向かって設置しているように見られ、その配置は必ずしも正確ではないようである。

［12］安倍川の渡し（静岡市）

2 東海道を歩く

　あまひとの
　道中をよんで
　狂哥を添る

　なんど
　馬や輿の
　ちうかり
　叩いて道中々
　四十八の外は
　御足

　　笠竹

[12] 安倍川の渡し（静岡市）

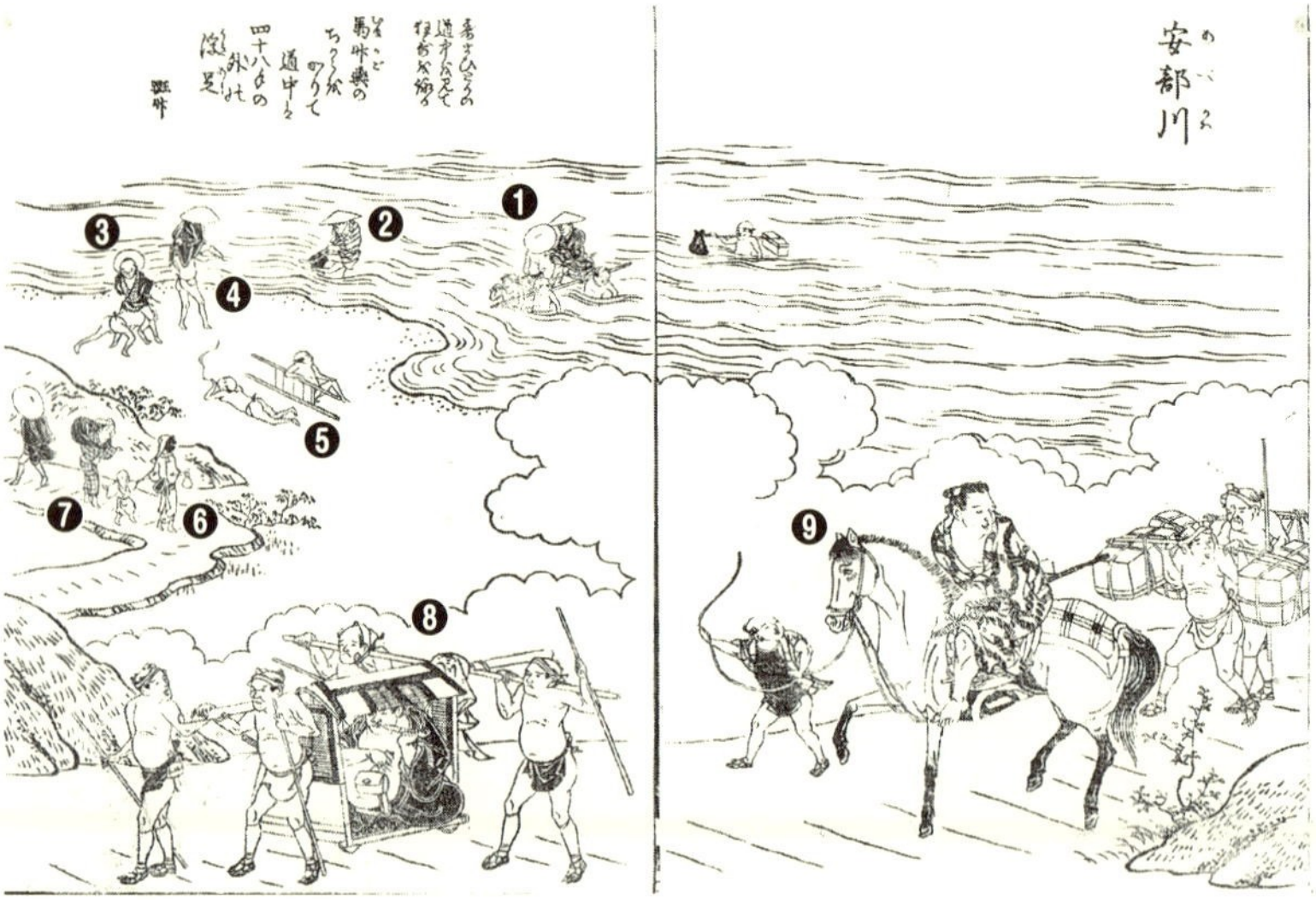

有名な大井川の次の大きな川は安倍川である。やはり橋は架けられておらず、人びとは川越人足に頼って対岸に渡った。『東海道名所図会』は渡しの様子は遠くに小さく描いている。むしろ川を背景に追いやって、近景には街道を行く人びとを描いている。渡しは、輦台や人足の肩車で渡っている。輦台は二人乗り輦台で、それを四人の人足で担いでいる①。流れが急ではなく、水深も浅く、しかも川幅もさほど大きくないので、可能なのであろう。また肩車で渡す人足もいる②。川原には、肩車をしようとしている人足③、これから流れに入ろうとする人足④が描かれている。その脇には輦台を置いて、一休みしている人足もいる。腹ばいになって煙草をくゆらしている姿は、いかにものんびりした光景である⑤。川原から土手に上ってくるところに通行人が描かれている。

興津（鈴木重三・木村八重子・大久保純一編『保永堂版広重東海道五拾三次』2004 年）

女性と彼女に手をひかれた男の子がいる。女性は頭に手拭いを載せており、そののんびりした姿から、子どもを連れて川辺に散歩に来た帰りであろうか⑥。そのすぐ後に、大きな風呂敷を背負った女性がいる⑦。前を行く子ども連れの女性に声をかけている。道でも尋ねているのであろう。

前面に大きく描かれた街道には、駕籠⑧と馬⑨が人を運んでいる。いずれも乗っているのは巨漢である。相撲取りと判断して良いであろう。その背後には、両掛けで荷物を運んでいる人足が二人いる。相撲取りの荷物であろうか。人足は褌一つの裸である。

この駕籠と馬に乗る相撲取りの挿絵とよく似た絵を見た読者も多いであろう。歌川広重の東海道を描いた浮世絵「東海道五拾三次之内」（保永堂版）の中の一枚である。それは安倍川ではなく、駿府の町を出て江戸へ近づいた興津《おきつ》（現静岡市興津）の場面で、興津川のなかを渡っている駕籠と馬の図である。駕籠に乗るのも、馬に乗るのもいずれも巨躯で、相撲取りであろう。『東海道名所図会』の絵のように、駕籠と馬を明確に独立させて描かず、重ねているが、駕籠と人足の様子は名所図会から貰ってきていると判断できる。相撲取りを描くことを含めて、明らかに『東海道名所図会』からの借用と言ってよいであろう。

〔13〕富士川の渡船（静岡県岩渕町・富士市）

2　東海道を歩く

ほくほくと　　駿
あさ日さしこむ　府
もり山の秋　　文
　　　　　　　母

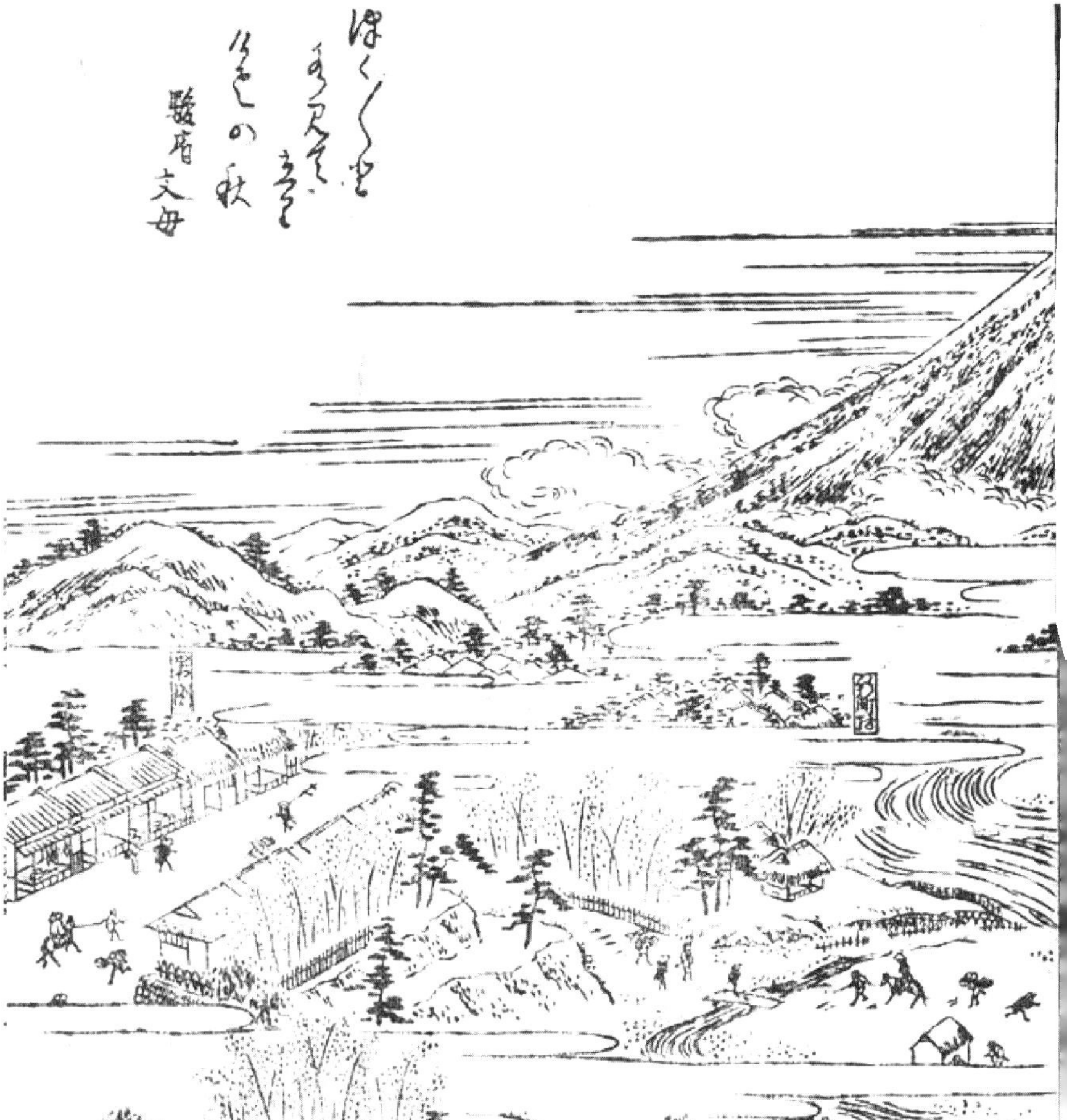

［13］富士川の渡船（静岡県岩渕町・富士市）

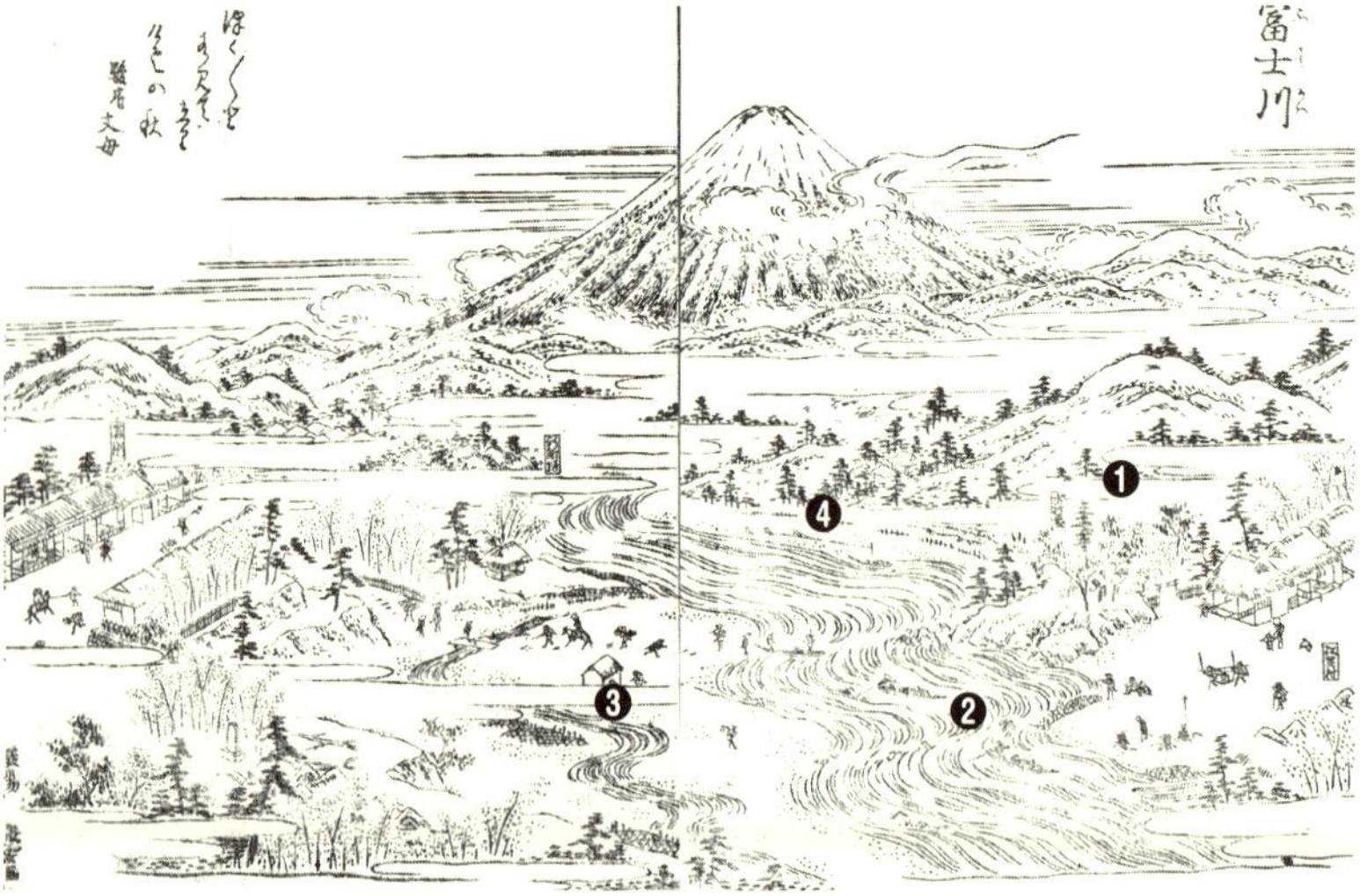

富士川にも橋は架けられていなかった。甲斐から山間部を下ってきた流れは急であり、それを渡船で渡った。『東海道名所図会』は、富士川の急な流れを描き、そこを行き来する渡し船の様子が示されている。背後には富士山が大きく描かれ、その地理的位置を示している。東海道では、大井川から東の大きな川には橋が架けられておらず、渡船か歩行で渡ることになっていた。有名な大井川や安倍川は、川越人足が流れに入って歩いて旅人を渡した。それに対して、富士川は流れが急なこともあり、船で対岸に渡った。その渡船場は、流れの変化に伴い、場所が変わった。近世後期には、西岸は岩淵村舟山（現岩渕町舟山）、東岸は松岡村水神森下（現富士市松岡）であった。この図もそれを描いている。松岡村の集落の背後には水神森があり、そこには流路安定のために水神が

まつられていた①。街道に面して鳥居があり、そこから参道が森の中へ続いている。

富士川には客を乗せた三隻の渡船が描かれている②。速い流れを竿を操作して横切って対岸に渡る様子が分かる。岸には舟が着くのを待つ人びともいる。松岡村側では、東海道を駕籠に乗ってきて、ちょうど渡し場に到着しようとする様子も示されている。街道に面した家々は茅葺きであるが、いずれも道路に縁台を出しており、茶店であることが分かる。反対の岩淵村側の川原には一棟の小屋がある③。渡船場を管理する川番所であると思われる。

流路の少し上流部には、船の帆柱に綱を縛り、それを岸に沿って三人の人物が上流に向かって曳いている④。富士川舟運では、甲州から下ってきた舟は、帰りには船頭たちが舟に綱をつけて、岸を歩いて曳く方式で上流に向かった。鰍沢《かじかざわ》（現山梨県南巨摩郡富士川町）・黒沢（同）・青柳（増穂町）の甲州三河岸から約七〇キロメートルの距離を半日ほどかけて岩淵に到着した。帰途は鰍沢まで四日、増水した時には七日かかって帰ったという。この富士川を上下する舟は高瀬舟と呼ばれ、通常乗組員は四人であった。荷物と乗客を乗せて、船頭の竿さばきによって激流を下った。この下りと上りの様子の違いを「上がり舟見りゃ愛想が尽きる、下り舟見てまた惚れる」と船頭唄で唄っている（国土交通省甲府河川国道事務所『富士川舟運の歴史を探る』一九九三年）。富士川は、急流続きで、多くの難所があって、舟運は困難であった。近世成立期に角倉了以によって開発され、それ以降重要な交通路として鉄道輸送が荷物を奪い取るまで存在した。甲州から年貢米を運び、逆に塩を甲州へ運んだ。

〔14〕旅籠の夕暮れと女郎衆（静岡県三島市）

2　東海道を歩く

ちもとく
おかへ

気がるな取らすづくしいぬがきの関のわきか
生けそやく
誰もおよびろあみ小旅人も
そかれてかく待つひれ
女らはしせんされの屋さ
愕をい忽うもねくく
つんでやうごろ
かゆくへ出行やく
ひいしっとく
はくたらかそろも
旅のめられ深し

[14] 旅籠の夕暮れと女郎衆（静岡県三島市）

「三島女郎衆はノーエ」と唄われ有名な三島宿の女郎を描いた図と判断できるが、東海道のどこの宿場でも見られた飯盛女の姿である。『東海道名所図会』の挿入箇所も三島ではなく、むしろ沼津に近い。

街道を行き来する旅人がそろそろ宿を決めなければならない時刻なのであろう。道路には客引きの女性も出てきて、客を誘っている①。駕籠かきは客を目的場所へ届けた帰りであろうか、一人が宿駕籠を肩に担ぎ、相棒と共にのんびりと歩いている②。右側には旅籠が描かれている。一人の旅客が上がりかまちに坐って草鞋を脱いでいる③。宿の女性が足洗いのための盥にお湯を入れて運んできたところである④。その背後には、天秤棒の両端に縛り付けられた行李が斜めに置かれている。両掛けと呼ばれる運び方で、旅の商人が運んできた物であろう。同様の運搬法が街道を実際に歩いている姿でもみられる。前に扇子をかざして歩く主人らしい人物がいるので、両掛けを担いで運ぶのは従者であろう⑤。

左側の家は屋根が本瓦葺きであり、立派な構えである。家の壁には官職名を記した名札が何枚もつり下げられており⑥、あたかも本陣のように見える。ところが、その家の中から蔀《しとみ》に手を掛けながら外の通行人たちを眺めている女性がいる⑦。その横の出入り口からは、二人の女性の化粧している様子が見られる。一人は片肌を脱いで、鏡に向かって、頭髪を整えている⑧。その左側の女性は、両肌脱ぎになって、うつ伏せになって、髪の毛を梳いている⑨。ここに描かれた四人の女性は、「三島女郎衆」と考えて良いであろう。実際には旅籠の飯盛女である。入り口で彼女たちを見ている草鞋売りの少年がいるのはご愛敬である⑩。

そして、書き入れとして次のように戯れ言を記している。

今も夕陽ななめなる頃、泊まり作らんとて両肌《もろはだ》ぬいで大化粧美艶香《おおけはいびえんこう》に小町紅松金油《こまちべにまつかねあぶら》の匂ひこまやかにまして、髪ハつくもがみのむさむさとたばね、顔ハ糸瓜《へちま》の皮のあらあらしく、旅客をとめてハいかになよ旅の殿さおくたびれてあるべい、おくはひら出しめされい、はだけ申さう、扠《さて》なア、猛に毛が生ておせうしゃおせうしゃとさすりさすり歌諷《うた》ふ、

〽君がこぬ夜はまぶたもあハぬなみたの渕へ枕をつつはめたア

などひなびたる歌に旅人も草臥《くたびれ》てふかくねいりけれバ、女はねもせず、これの殿さ情ない、蚤がおほくて、つかんではうばるべい、かつくハひつかくべいよとて、つつきおこさる

〔15〕箱根の温泉（神奈川県箱根町）

2　東海道を歩く

　　　　　　　さて
　　　　　　　鬼のゐい
　　　　　　　地獄うへ
　　　　　　　箱根の
　　　　　　　湯
　　　　　　やはひ
　　　　　　かそれ
　　　　　　で
　　　　　　極樂と
　　　　　　ある

一ツ湯べ

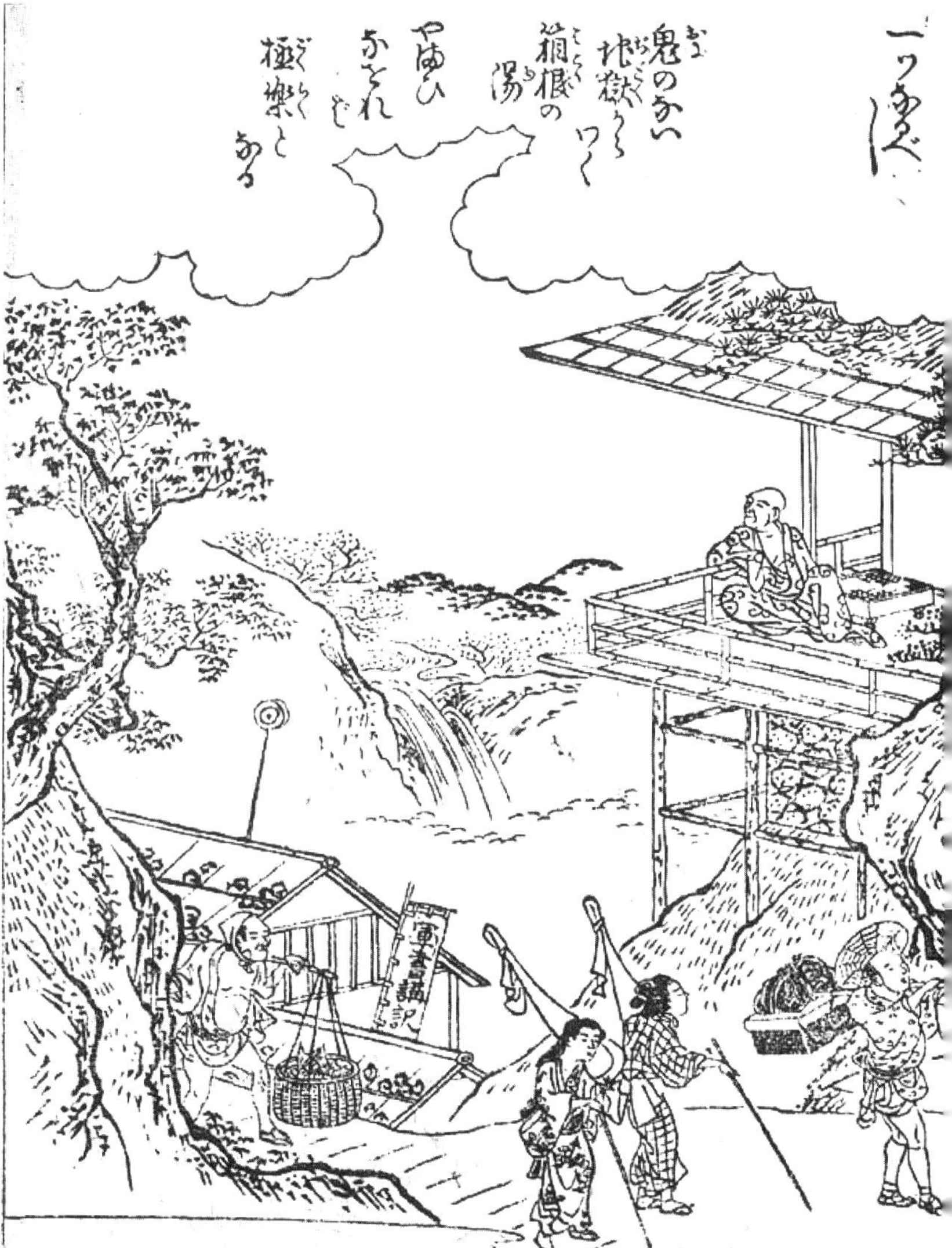

［15］箱根の温泉（神奈川県箱根町）

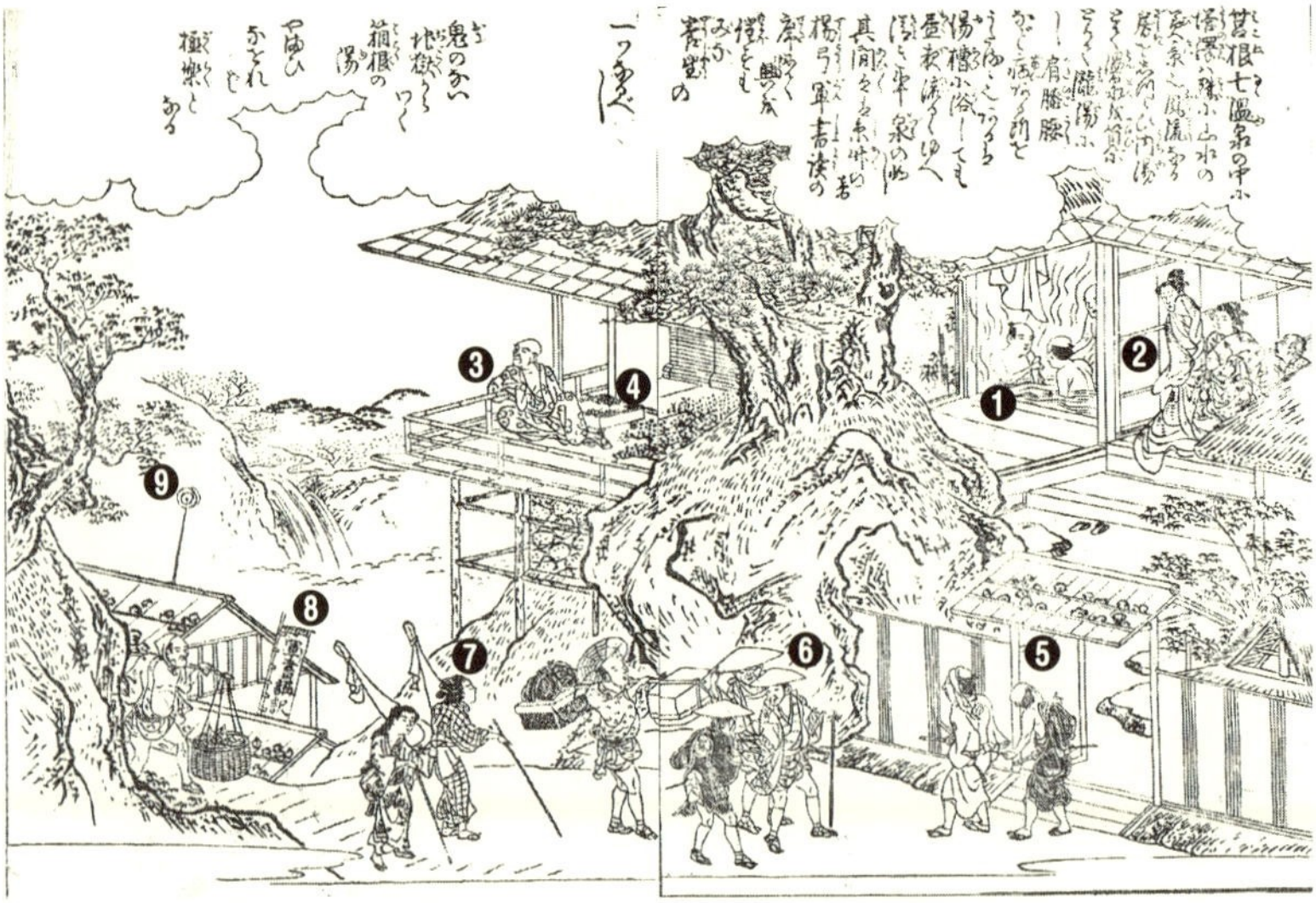

秋里籬島は箱根路に大変興味を持ったようで、先ず芦ノ湖畔の様子を三枚六ページのパノラマに描いている。箱根宿、関所、箱根権現、小地獄を一望に収めた鳥瞰図で示している。

そして東海道から離れて、温泉地へ行き、温泉場の風情を滲み出した情景を描いている。箱根は東海道最大の難所であったが、同時に山間部には多くの温泉があり、旅人の疲れを癒してくれた。総称して箱根七湯と言い、湯本、塔之沢、堂ヶ島、宮之下、底倉、木賀、芦之湯であったが、そのなかでは箱根を東側に下りた箱根湯本が、江戸方面から近く、山道を登ることもなかったので、もっとも大きく、気楽に利用する温泉であった。『東海道名所図会』は本文でも温泉を詳しく紹介している。たとえば芦之湯について「七湯のその一箇なり、権現坂よりこれまで一里、浴屋は町の中にあり、一二三と仕切つて入湯す。気味渋く苦し、また硫黄の香強し、流れ湯みな黄色なり、効能は癩病、黴病、五痔一切の腫物に相応して早く治す、浴屋の前両側に一町ばかり、入湯の宿舎ありて綺麗なり」と記している。当時は旅館が内部に湯船を持つような内湯は原則なかった。芦之湯も、当時の温泉場の一般的な姿であった、宿と湯は別になっていた。客が宿泊する旅籠には温泉はなく、外に共同の浴屋があって、客はそこへ入りに行くのである。それに対して、宮之下については「底倉湯より二町ばかりにて、大略家続きなり、内湯、滝湯あり。内湯とは温泉の水脈より樋にて家々にとり入湯する、滝湯とは樋より筧にとりて、家の内にて滝のごとく温泉を落とし、これに打たるゝなり、頭痛、痃癖、腰の痛みを治す、打たるゝに気味快きものなり」と記している。共同の湯屋ではなく、各旅籠が樋で温泉を引き、旅館内に浴槽を設けて客を入れるもので、内湯と呼ぶが、加えて樋で運んだ湯を上から落として客に当てる滝湯があったことを述べている。

図としては塔之沢を取り上げている。塔之沢については本文で「堂ヶ島より一里半あり、七湯の中にて、地境広くして風景の勝地なり、山を勝麗山、川を早渓といふ（中略）浴舎美麗にして広く、書院、数寄屋、庭中いずれも佳景なり、江府より諸侯時々こゝに湯治したまふ、元湯を秋山弥五兵衛、一之湯を小沢右衛門、内湯は田村久兵衛、藤屋喜八、喜平治、小兵衛等なり、すべて家数二十三軒あり、この温泉は気味軽くして養生湯なり、諸病を治す」とある。元湯と一之湯の二箇所の共同湯があり、その他に内湯の温泉宿も数軒あった。図に描かれているのは、一軒の湯屋であって、旅籠ではないと思われる。中央に浴槽が設けられ、数名の男性客が浸かっている①。その右横の部屋には手拭いを持って湯女《ゆな》が待機している②。そして、母家から張り出した涼み台では、湯から上がった客が涼んでいる③。横には碁盤が置かれ④、いかにものんびり過ごしている様子である。全体として宿泊施設という感じはせず、本文で言う湯屋であろう。向こうには滝があって、風景が良く、湯上がりの涼みに格好の場所と言えよう。

湯屋の前の道路には温泉客が行き来している。先を急ぐ旅人の様子はなく、のんびりした雰囲気がでている。門前に差しかかった二人ずれの武士は、前を行く一人は額に手拭いを掛け、後の一人は片肌脱ぎになって歩いている⑤。いかにも温泉に浸かった後の様子である。これから宿に戻るのであろうか、それとも娯楽を求めて歩いているのであろうか。反対側からは、供を連れた町人と思われる一行がお喋りしながらやってくる⑥。供が担いでいる荷物が衣類を収めた行李であるから、湯治に来た一行であろう。その一行の後からは二人の女性が坂を登りきったところである⑦。描かれた顔つきから盲目と判断でき、杖のつき方もそれを示している。肩に担いでいるのは袋にしまった三味線であろう⑦。三味線を伴奏にして歌を唄う瞽女《ごぜ》であると判断できる。この図では盲目の瞽女のみが描かれているが、一般的には目が見える手びきが一人ついて道を間違えないように導く。温泉客の求めに応じるために門付けして歩いていたのか、あるいは宿からの連絡を受けて客が待つ宿へ行く途中であろう。坂の下には家々がならび、それぞれ看板を出している。手前の幟は「軍書講訳（釈）」と書かれている⑧。また次の家からは高く竿が掲げられ、尖端には的が付けられている⑨。この的は楊弓屋の看板である。今と同じように、温泉町には各種の娯楽を提供する店があったことを示している。

次いで注目したのが、箱根湯本の箱根細工の店である。一枚の絵を入れ、「箱根名品挽物細工」という見出しで「花美なる諸品を細工して色々彩り塗りて店前に飾る。また雛の芥子人形の細工をしおらしくして、わずか方寸の箱に百品二百品も入れるなり。湯本伊豆屋の店諸品多し」と説明している。絵はその伊豆屋の店先を描いている。今の箱根湯本に軒を並べる土産物屋の源流が示されている。

箱根湯本挽物店

［16］小田原ういろう（神奈川県小田原市）

透頂香

［16］小田原ういろう（神奈川県小田原市）

東海道にはいくつもの家伝薬を売る店があり、それぞれの名物となっていた。そのなかで特に有名な薬は、近江梅木の和中散と小田原の透頂香《とうちんこう》であった。『東海道名所図会』は当然のことながら、この二つの店を取り上げ、大きく描いている。小田原の宿内に店を構える外郎《ういろう》家は透頂香を売る。大きな店構えで、棟が八棟造りとなっており、豪壮な感じを演出している。現在も小田原に同じような姿をした店がある。現在ではういろうと言えば、名古屋の土産物として知られるういろうである。羊羹に似た蒸し菓子であり、薬ではない。近世でもういろうと言えば菓子のイメージが普及していた。『東海道中膝栗毛』では、弥次さんと喜多さんの会話の中にも、菓子と間違え、薬だと分かってがっくりする箇所がある。薬のういろうと一般に呼ばれた透頂香は丸薬で、印籠に入れて道

中の常備薬とした。その効能は、胃痛、腹痛、吐き気、眩暈などである。

この店は古く、先祖は中国浙江省の出身で、元の滅亡時に来日し、京都を経て、後北条氏に招かれて小田原に来たという。元の姓は陳姓で、小田原来住に伴い、陳外郎宇野藤右衛門を名乗ったという。この由緒は大きな商人になった後に作成された可能性もあり、その出自は必ずしもはっきりしない。確かに京都には室町時代に陳外郎家が存在し、虎屋を名乗り、薬を製造販売していた（蔭凉軒日録その他）。小田原の外郎家はこの京都の外郎家の直系の子孫ではなく、被官であった伊豆出身の宇野氏という説もあるが、はっきりはしない。

描かれた外郎は、やはり豪壮な八棟造りである①。店には「ういらう」と記した大きな吊り看板が下げられ②、また正面には「透頂香」と書いた大きな置看板（衝立）が置かれているし③、横にはまたまた大きな虎の襖絵がある④。そして薬がしまってある箪笥が見られる⑤。ひっきりなしに客が訪れている様子が分かる。店では客の武士が透頂香を買って、財布から代金を支払おうとしている⑥。横では順番待ちであろうか、鉢巻をして框に坐っている人物がいる⑦。彼が担いできたと思われる両掛けが店庭に置かれている。その前を買ったばかりの透頂香の包みを手にした子供を負ぶって外に出ようとしている女性がいる⑧。店先には、今駕籠で到着したばかりの者がいるが、疲れているのか駕籠に座り込んだままで順番を待っているのであろう⑨。賑やかで、いかにも繁昌している様子を描いている。

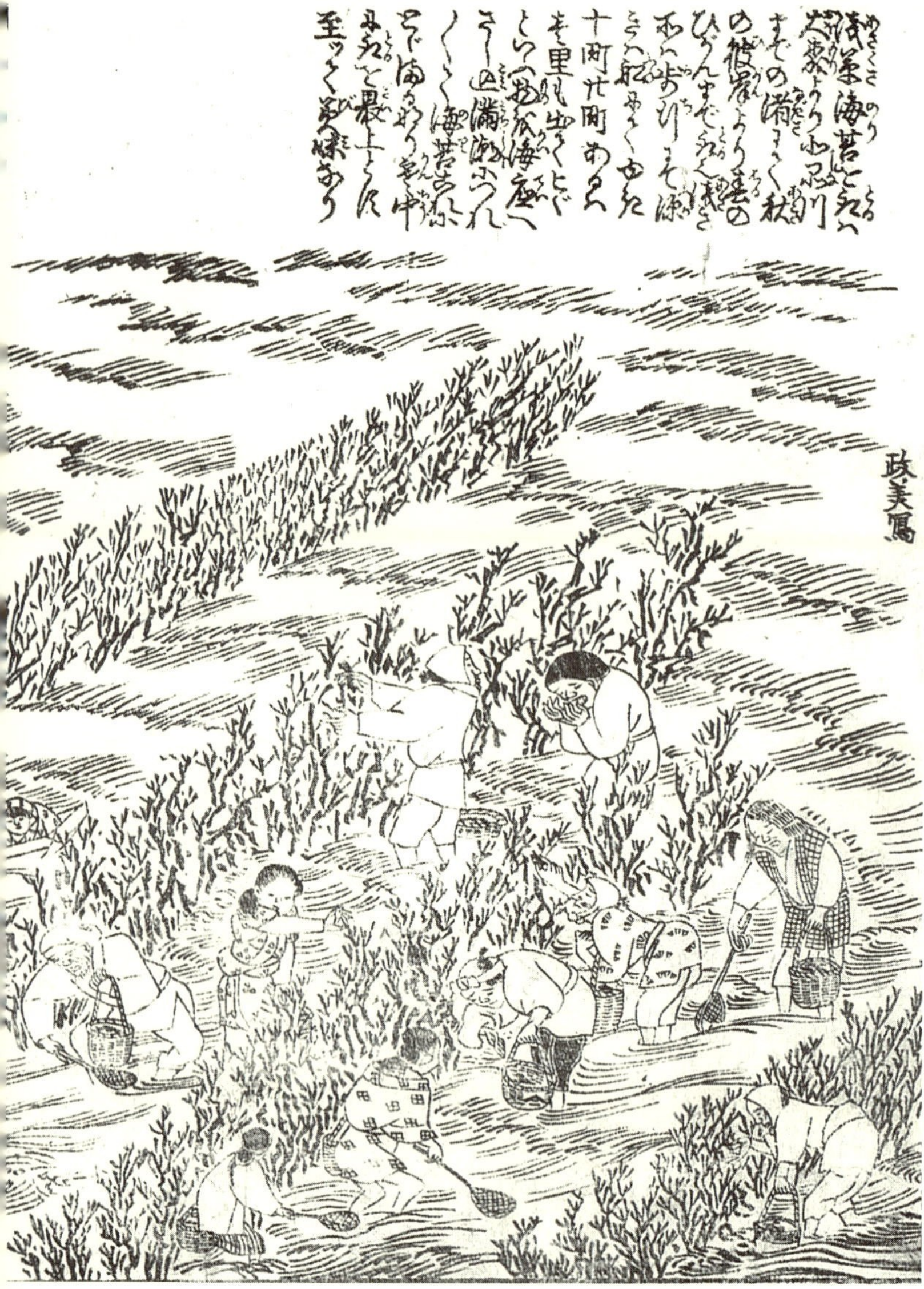

［17］大森海岸の海苔採取（東京都品川区・大田区）

[17] 大森海岸の海苔採取（東京都品川区・大田区）

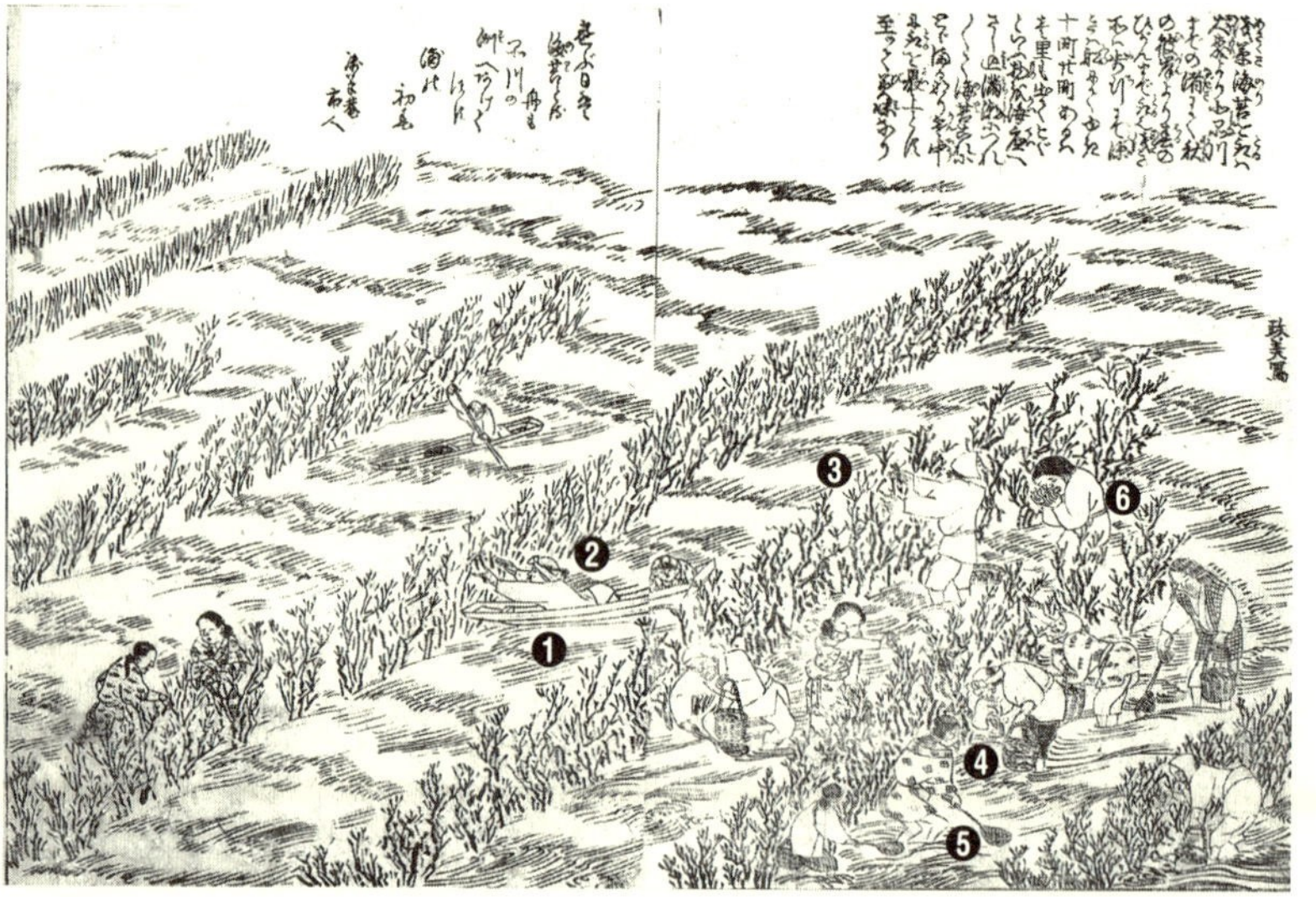

大井・大森（現東京都品川区大井、大田区大森）の海岸は海苔生産の地であった。江戸の海苔は浅草海苔と呼ばれてきたが、実際には大井・大森海岸で生産されていた。『東海道名所図会』の著者はその生産の様相に大いに興味を抱いたようで、四ページにわたって描き出している。一つは海中での海苔の採取の様子である。冬の寒い時期に、海に入り、ヒビに生えた海苔を手で摘みとるのである。本格的な採取は船に乗って行う。

大蔵永常の『広益国産考《こうえきこくさんこう》』は商品としての価値の高い日本各地の産物を掲げているが、そのなかに海苔があり、生産方法について図入りで説明している。『東海道名所図会』の図も、その説明と矛盾せず、しっかりと実際の方法を観察して描いたことを窺わせる。その書き入れは「浅草海苔を取るは大森より北品川までのなぎさにて秋の彼岸より春のひがんまで取るなり、浅きところは歩行にて深きは船にてゆき十町二十町あるは一里も出ててヒビといふ物を海底へさし込み満潮につれつれて海苔これにとどまるなり、寒中に取るを最上とす、至つて美味なり」とある。海苔の採取は冬の仕事であった。海水の中をただよう海苔を付着させる木の枝を、書き入れはヒビと記しているが、『広益国産考』では粗朶《そだ》と記して、枝が良く付いた楢の木が良いとしている。枝に付いている葉をむしり取って枝だけにして、海中に挿して立てておく。これは秋一〇月頃の作業で、船に粗朶をつんで干潮の時に海に出て、粗朶を何列にも挿す。満潮の時には粗朶の頭の部分が海上に見える程度に挿すのである。そして、海苔がそれに付着するまで時間をおく。翌年の春先までの間に粗朶から海苔を採取する。

図に描かれているのは、寒い寒中の干潮時に皆で揃って海に出て、粗朶（ヒビ）から海苔を取る様子である。ベカブネと呼ばれる船①に乗って、船から採取している人物②、海中に入って粗朶から海苔を採っている人物③が描かれている。海中に入って海苔を採る人たちは、片手に笊を提げており、採った海苔をそこに入れている④。注目されるのは、掬い網を手にして、水中に漂う海苔をすくい取っている姿である⑤。粗朶（ヒビ）から採る時に水中に流れてしまった海苔をわずかでも逃さないという気持ちが表れている。寒中の海中での仕事は厳しい。手がかじかんでしまって動かなくなってきたので、手に息を吹きかけて温めている様子⑥が描かれている。

［18］大森の海苔生産（東京都品川区・大田区）

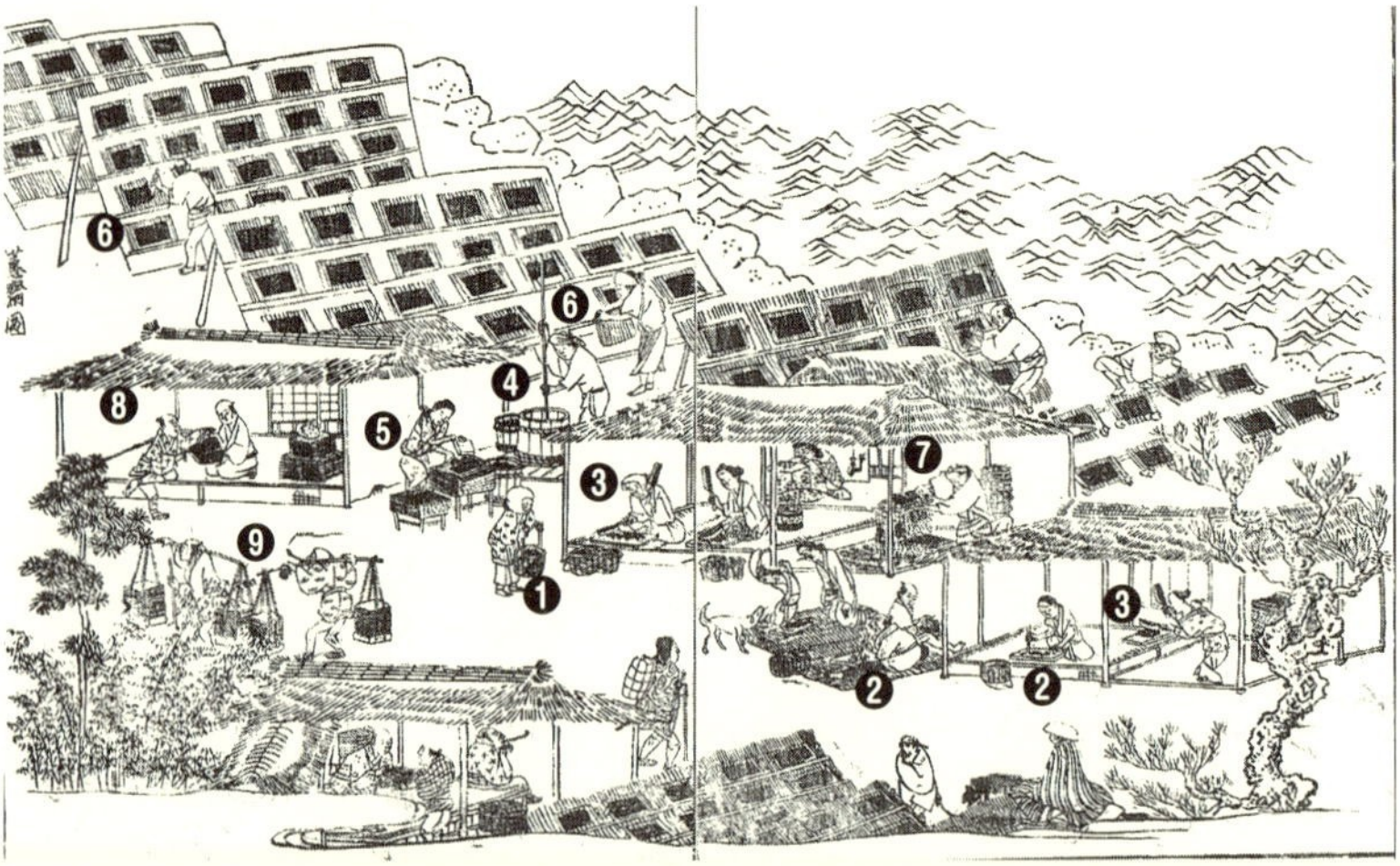

［18］大森の海苔生産（東京都品川区・大田区）

海から採ってきた生海苔を製品に仕上げる生産過程を詳細に描いている。これを描いた鍬形蕙斎は、この現場に立って子細に観察したのであろう、非常に詳しく生産の各段階を描いている。絵の構図上、実際の作業場の配置とは異なる。作業工程に従って、作業場は配置されているであろうが、ここではそのような流れは見られない。また作業は屋内で行われる場合、作業小屋には板戸や障子が建てられていたであろうが、作業を示すために一切の建具類が描かれず、作業現場を丸見えになるようにしている。

海で採取した生海苔を桶に入れて作業場に運び①、先ず混じっているゴミを取り除く作業をする。海苔を俎の上に広げて、箸でゴミを摘んで取り除くのである②。図の中では、家の中で行うだけでなく、外に莫蓙を敷いて、そこで何人かがこの仕事をしている。従事しているのは女性が多い。手先の器用な女性にむいていたのであろう。次に、ゴミを取り除いた海苔を細かくする。俎の上に広げた生海苔を包丁で叩いて細く切る③。これも女性の仕事である。この仕事を背中に子どもを負ぶって行っている女性もおり、家族内労働であったことを示唆している。あるいは今流に言えば、パートタイムの雇用労働だった可能性もある。そして、細かく切った海苔を水を入れた四斗樽《しとだる》に入れて竹の棒で撹拌し、生海苔をどろどろにする④。次に、広げた簀の上に木枠をのせ、そこへ生海苔を枡ですくって流し込む⑤。海苔が満遍なく広がるように流し込み、揺すって均一化をはかる。含まれていた水分は簀の下に流れ落ち、海苔だけが簀に残る仕組みである。枠を取り除いて、簀を乾燥場に運び、天日で干す⑥。斜めに設置され、何段にも区画された干し台に櫛で簀を留めて固定するのが基本であるが、低く横木を渡し、地面からそれに簀を立てかけて干している様子も描かれている。乾燥した海苔を簀から剥がして重ねる⑦。そして、重石をのせて海苔が平らになるようにして、商品として完成である。ここでは店先の様子を描き、仕入れに来たと思われる客に見本の海苔を見せている⑧。買い取った海苔は、天秤棒で担われて運ばれる⑨。これが世に言う浅草海苔になって人びとの食事に供されたのであろう。『守貞謾稿』は、「紫海苔、俗に浅草海苔と云ふ。昔は浅草にて制することあり。（中略）今世もなほ浅草海苔を諸国通名とし、江戸にてもこれを称す。しかしてその産大森村を専らとし、この辺を本場と云ふ」と述べ、その看板は「襖制にて、面白紙張墨書、あるひは白紙に藍紙の縁を付け、あるひは字白藍石摺仕立てもあり。皆唐紙風にて紙張なり」（岩波文庫本『近世風俗志』一巻二二四～五頁）と紹介しているが、蕙斎はそれを描いていない。

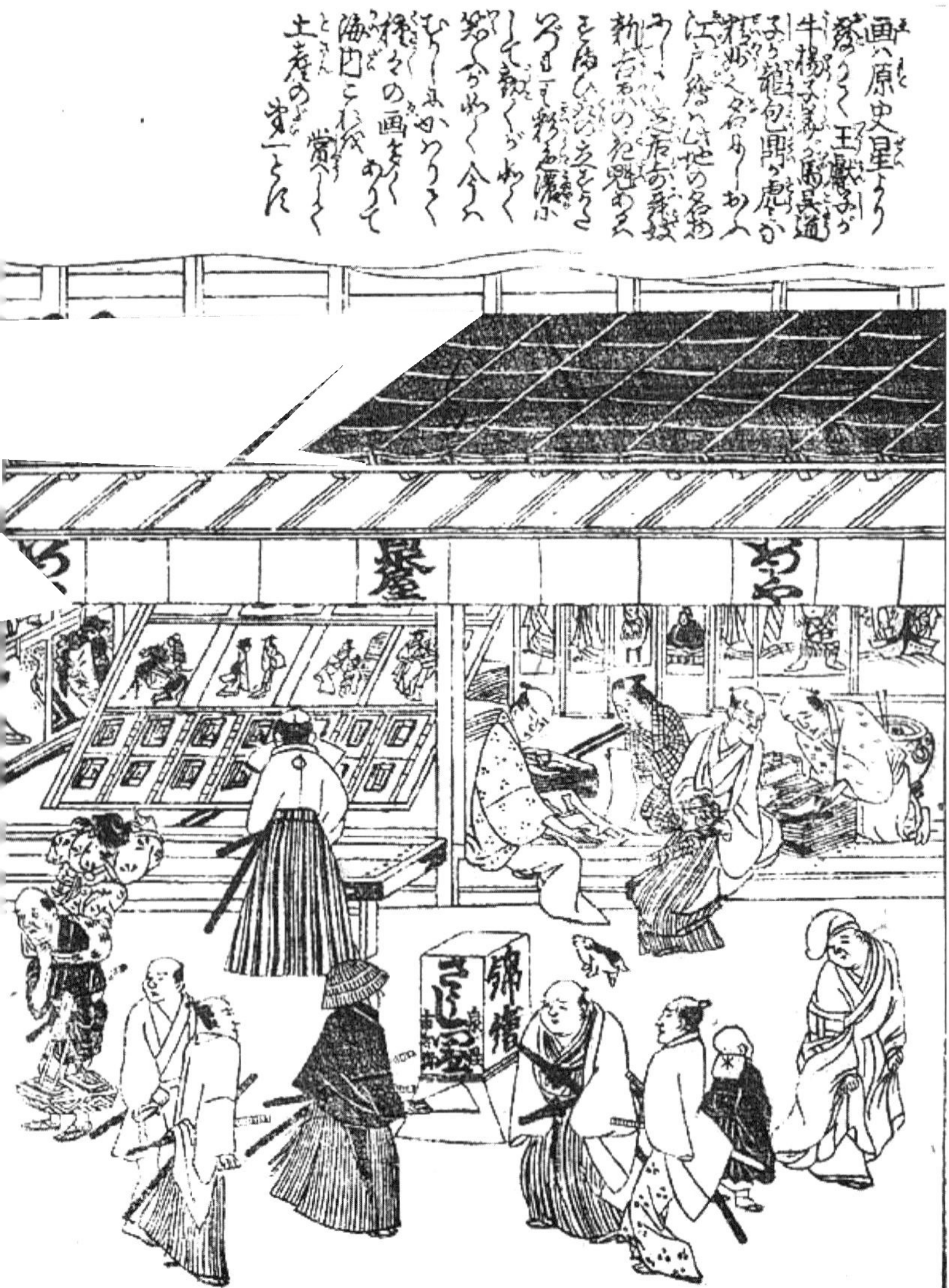

［19］江戸の本屋（東京都港区）

政美寫

［19］江戸の本屋（東京都港区）

品川から江戸に入った最初の町が芝である。そこには増上寺があり、芝神明社（飯倉神明社とも言う。現在の東京大神宮・東京都港区芝大門）がある。芝神明社の門前が神明前と呼ばれ、にぎやかな盛り場であった。東海道から入った脇の道に沿って多くの店が並んでいた。そのなかで目立ったのが書物や錦絵を売る店であった。いわゆる絵双紙屋であり、なかには草双紙類や錦絵の版元である地本問屋の直営の店もあった。江戸に出てきた人びとは帰国に際しこれらの店で江戸土産に錦絵や絵双紙を購入し、故郷へ持ち帰った。

『東海道名所図会』は、もちろんこの街の賑わいに注目して、描いている。通りに面して大きく開く二軒の店が描かれている。右側の店は、暖簾や看板に書かれた店の名前で、泉屋市兵衛と分かる①。それに軒続きの左側の店は枡屋である②。

文政七年（一八二四）刊行の『江戸《えど》買物独案内《かいものひとりあんない》』には、江戸の著名な地本問屋一八軒と書物問屋四二軒を掲げている。そのうち、地本問屋の四軒、書物問屋の三軒が芝神明前に所在する店である。その地本問屋のなかに芝神明前三島町の和泉屋市兵衛がある。その扱う商品については「絵本、絵半切、千代紙、錦絵、雁皮紙」としている。図で隣に描かれた枡屋は『江戸買物独案内』には出てこない。

絵を見てみよう。和泉屋は絵では泉屋と記されているが、名前が市兵衛なので、三島町の和泉屋市兵衛と同じと考えて良いであろう。道路に箱看板を出して「錦絵・さうし問屋」と表示し、また軒から吊した柱看板に「絵さうし」と書かれている。店の中央部には、上げ見世と呼ばれる、上げ下ろしできる縁台が設けられ③、その奥に商品の陳列台が斜めに置かれている④。陳列台は枡に区切られ、大きな枠には錦絵が陳列され、小さい枡には書籍が並べられている。錦絵は武者絵、美人絵で、上げ見世の前で武士が扇子で顔を隠しながら陳列台を見ている⑤。国への土産の品定めをしているのであろうか。横では、近くに住む子どもであろうか、上げ見世にもたれ掛かって、絵を見上げている⑥。店の右半分では、客が店員を相手に品定めをしている。一人は町人か百姓で、一人は武士である⑦。武士が見ているのは絵ではなく、書物のようである。奥の壁には大型の錦絵が軸装されて掲げられている。船に乗ってやって来る七福神、化粧廻しを着けた相撲取りなどの絵も見うけられる。

隣の枡屋もほぼ同じような店の構えで、同じように錦絵と書物を扱っている。陳列されている大型の錦絵には、芝居小屋の情景を描いた絵、橋を描いた絵を置いており、前者の芝居小屋は奥村政信の中村座を描いた大浮絵を思いおこさせる。また後者の橋は日本橋を描いたものであろう。店先では客に相撲絵を見せている⑧。店員は女性である。これについて、『尾張名陽図会』『東街便覧図略《とうがいべんらんずりゃく》』など多くの著作がある尾張藩士の高力猿猴庵《こうりきえんこうあん》の『江戸循覧記』（一八二八年）に「此町は芝神明の辺にして繁昌の地なり。西がわの家毎に江戸絵双紙を商ふ。此店には艶なる娘を出して男は出ず。これは端出にする為ばかりにあらず、もとめに来る人々には諸国の入込地なるがゆへに、強気にかれこれとりきみ口論などする輩もあり。されば女とはからかいなどすれば笑艸《わらいぐさ》と思ひておのづから過言を言はず。とかく店に事なき様にする由なり」と説明し絵を描いている。そこにはたしかに店頭に出て商品を売っているのは皆若

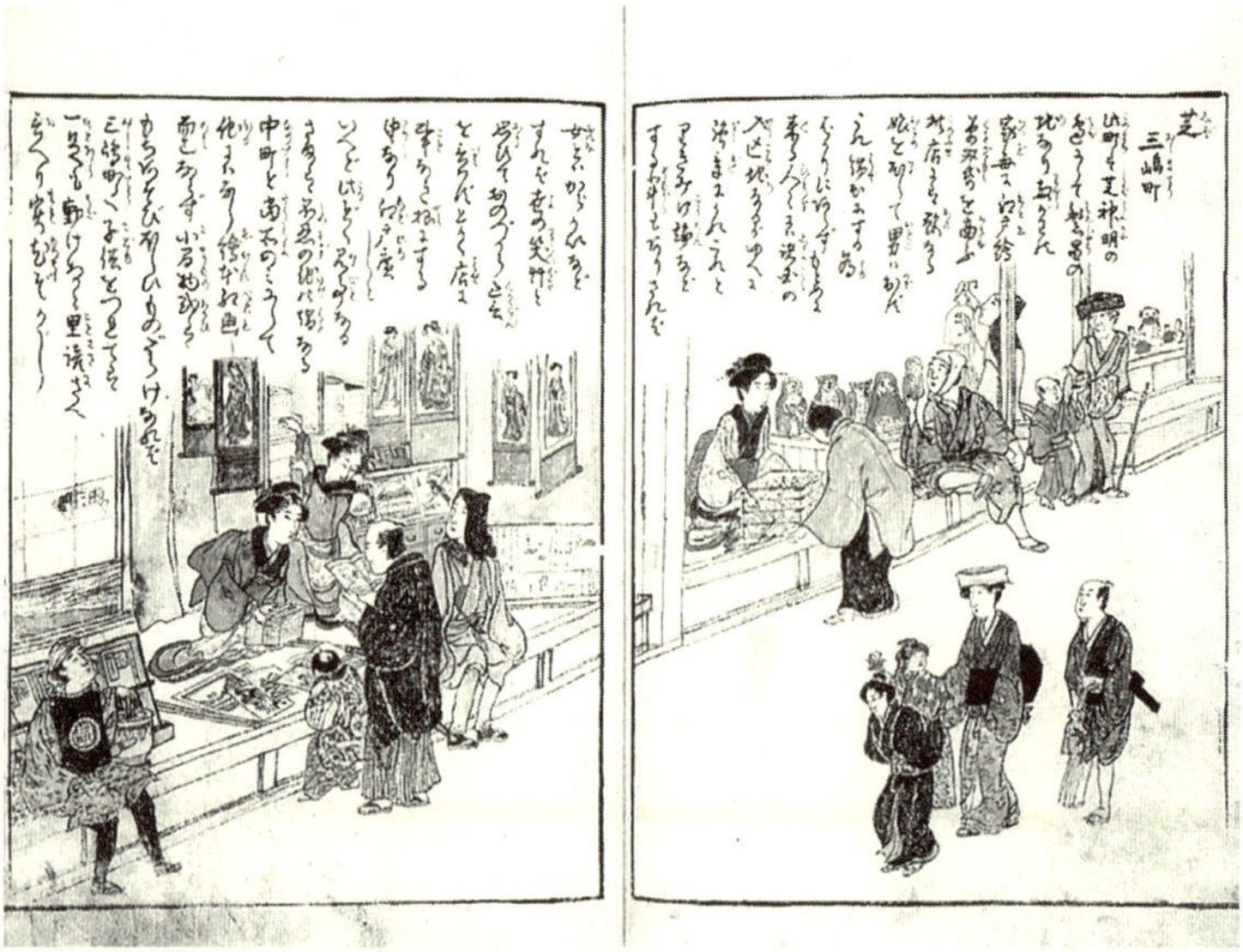

『江戸循覧記』に描かれた芝三島町
（国立歴史民俗博物館編『企画展示錦絵はいかにつくられたか』2009 年、18 頁）

い女性のように描かれている（国立歴史民俗博物館『企画展示錦絵はいかにつくられたか』二〇〇九年、一八および九〇頁）。この『江戸循覧記』の説が正しいかどうかは分からないが、少なくとも芝神明前の絵双紙屋では店頭に女性店員が出て客の応接にあたっていたと言えるであろう。名所図会の図もそれを裏付けている。

店の前の通り、すなわち神明前の通りは多くの人びとが行き来する繁華街であった。絵にもその様相が描かれている。様々な身分の、また様々な職業の人びとが描かれている。そのなかでも武士身分の者が多いことが注意される。参勤交代その他で国元へ帰る際の土産品の調達をこの町で行うのが一般化していたのであろう。そのなかで道の中央部に武士の若夫婦が子どもの腕を両側から握ってぶらぶらとさせているのは微笑ましい⑨。一番右側には、小僧を供に連れた、炮烙頭巾をかぶった僧侶もいる⑩。左側には綿帽子を付けた女性五人の一行がいる⑪。彼女らは何を買いに来たのであろうか。先の猿猴庵の『江戸循覧記』には、「絵本紅画のみならず小間物或はもちあそびほしひものだらけなれば三嶋町へ子供をつれては一足も動けぬと里諺にさへ云いへり」と記している。書店以外に、女性たちが買いたい品物を揃えた店もあった。

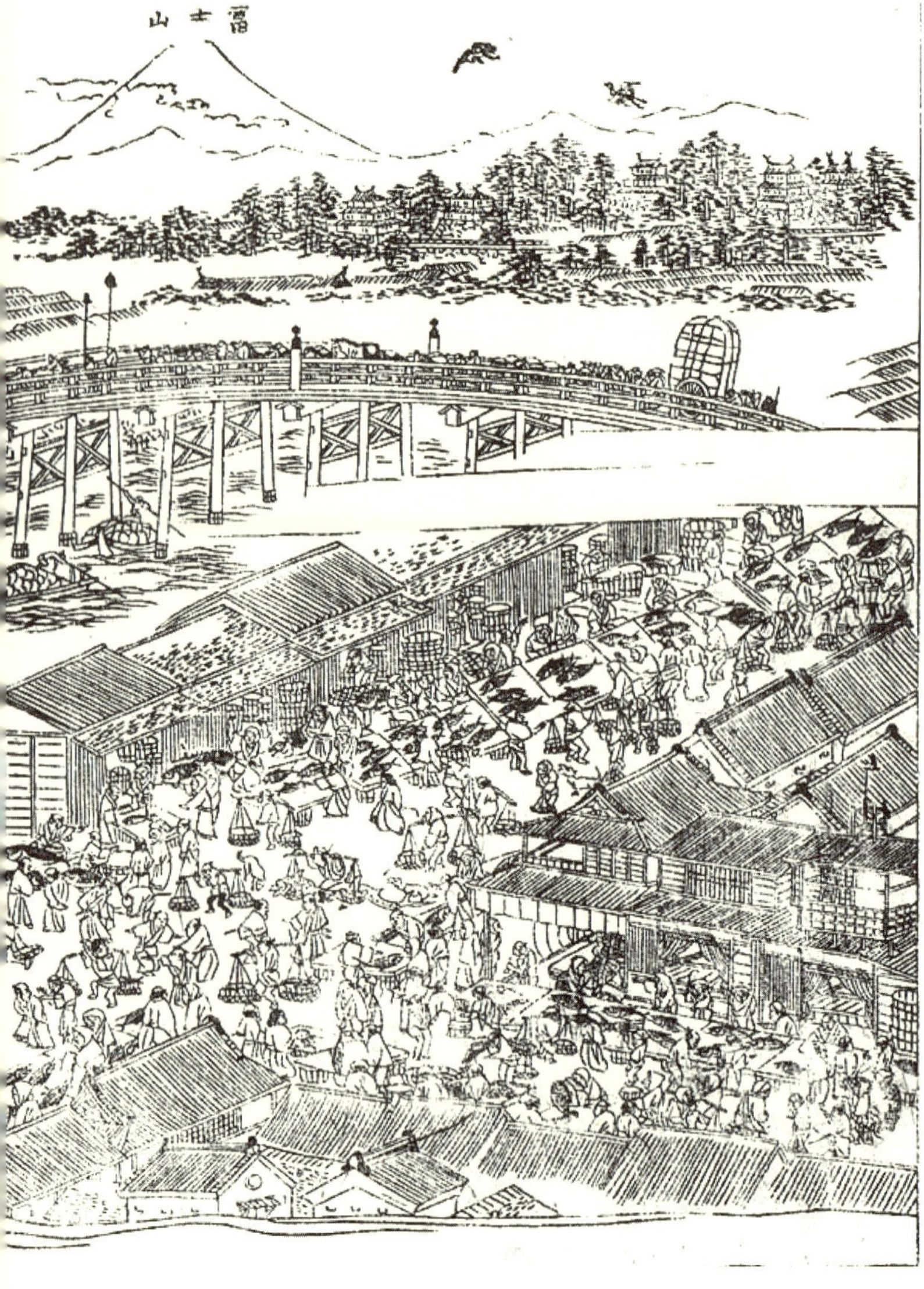

〔20〕お江戸日本橋と魚河岸（東京都中央区）

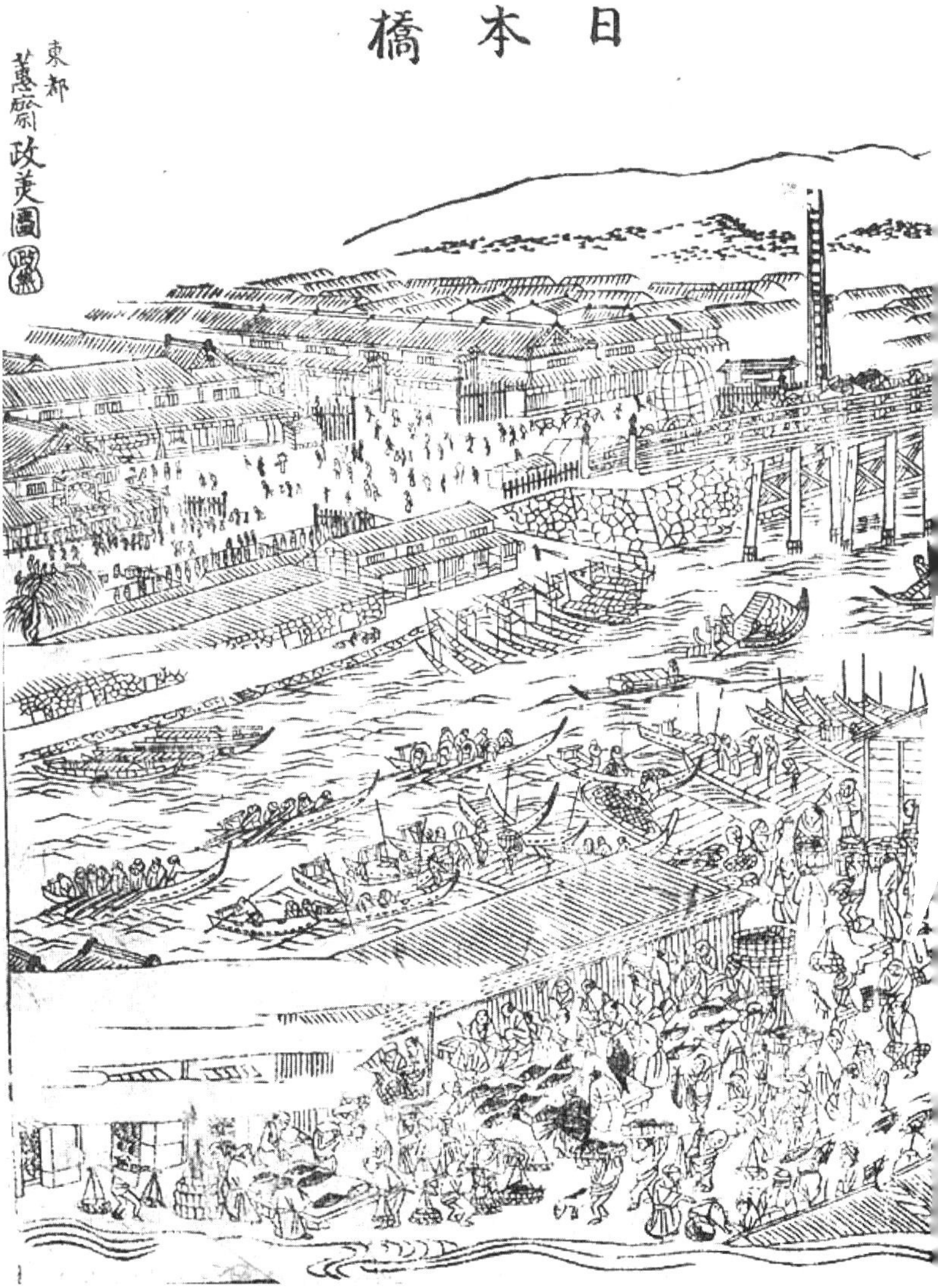
日本橋
東都
蕙齋政美圖

〔20〕お江戸日本橋と魚河岸（東京都中央区）

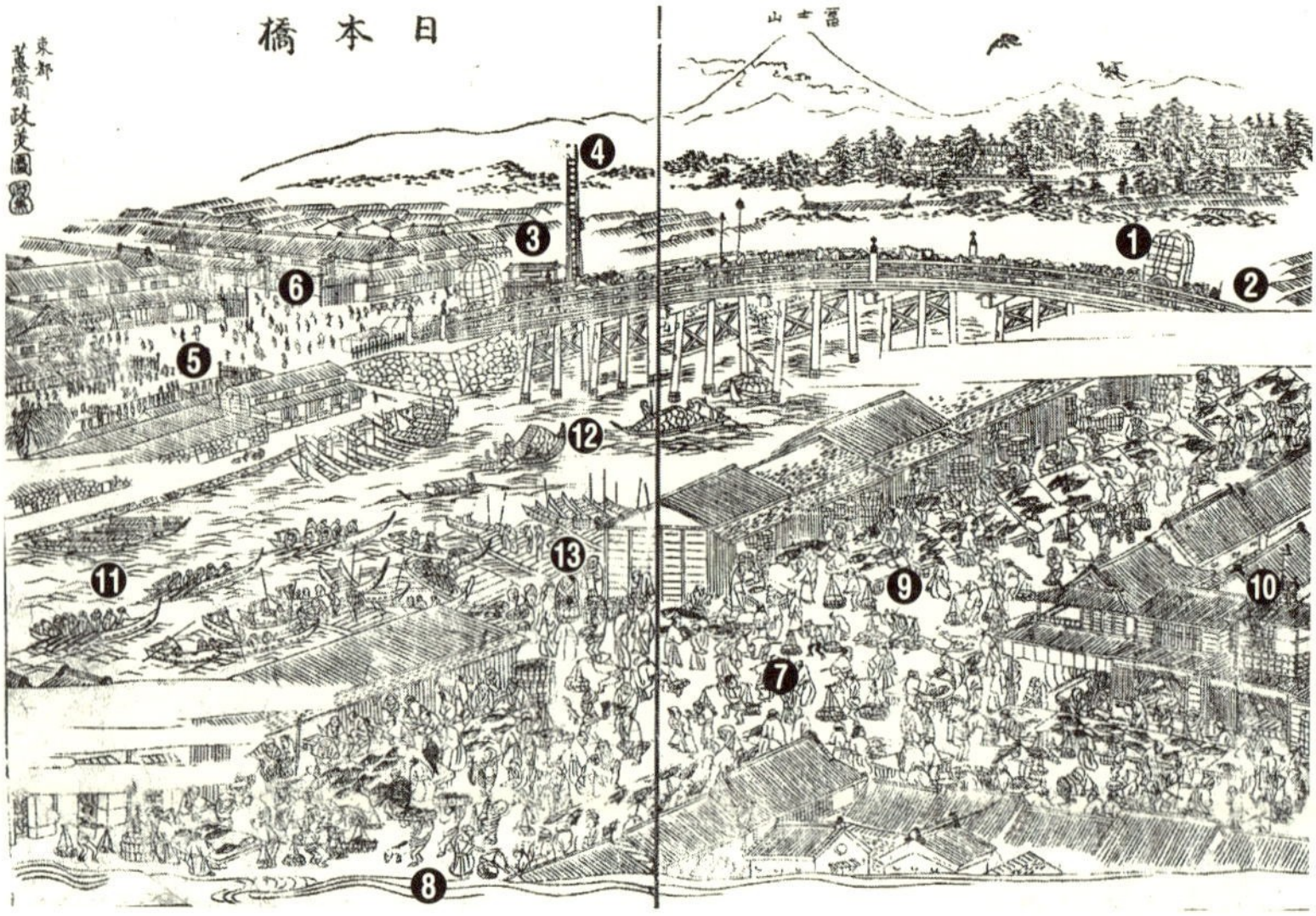

東海道五十三次の終点は日本橋である。『東海道名所図会』本文は、「橋の長さ二十八間、江戸町中の中央にして、諸方の行程をこれより定む、京師三條橋より当橋まで行程すべて百二十四里半十五町、駅宿五十三次、これを東海道といふ」と記している。古くから大きな木造橋が架けられていた。「お江戸日本橋七つ立ち、初のぼり行列そろえて、アレワイサノサ」と唄われているように、上方に旅立つ人たちは早朝まだ暗いうちに提灯を点けて日本橋を出発した。高輪《たかなわ》辺りで夜明けとなり、提灯の火を消したという。昼間は江戸随一の繁華街である室町と日本橋通りを結ぶ橋として、人びとの往来でひしめき合っていた。

『東海道名所図会』の最後の挿絵は鍬形蕙斎の手による日本橋の全景である。遠く富士山を描き、近くには江戸城を描いて、手前に日本橋を配置している。空には鶴が飛んでいる。その全体配置が江戸の繁栄を示している。このような構図は、日本橋を描くその後の多くの錦絵に採用され、基本的なパターンとなった。この描写は当然東北から西南方面を描いた構図である。図では、橋の上は往来の人びとで混雑し、そこへ大八車が大きな荷物を積んで進んでいる①。馬も少なくない。橋の上の通行人には身分の区別はない。槍を掲げた武士の一団もいる。北側の袂に近い橋の上に杖をついて立っている人物が描かれている②。これは橋を往来する人や荷物を監督する棒突人と判断できる。橋の南詰には高札場が設けられている③。その横には火の見梯子がある④。多くの錦絵でも高札は描かれるが、火の見櫓は必ずしも見ることができない。『江戸名所図会』の日本橋でも、立派な高札場は描かれながらも、火の見櫓は見られない。特定の時期にのみ存在したのであろうか。橋を渡り終えた所は広場のように少し広くなっている。その川に近いところには蔵屋敷が並んでいる。その道路側には魚が吊されて干されている⑤。この地域は干し魚の市場であった。橋の南詰めからまっすぐに伸びる道は東海道となる。町の名前は通り一丁目から始まる江戸の中心街である。各店舗は道に立派な建て看板を掲げている。各町はその入口に木戸を設けている⑥。

橋の北詰は、室町であるが、ここではその西側の川に近い所の魚河岸を重点的に描く。町名から言えば、本船町である。通りを大勢の人が所狭しと歩いており、その混雑は甚だしい。しかも人びとの多くは買い入れた魚を様々な方法で運んでいる。盤台に魚を入れて、天秤棒で担いで運んでいる人、魚駕籠に魚を入れて天秤棒で担いでいる人、大きな魚をもっこ状の容器に入れて天秤棒で運ぶ人など、天秤棒による運搬が多い⑦。なかには盤台を頭で支えて運ぶ頭上運搬も見られる⑧。運搬している人びとは、ここへ商品の仕入れにきた魚屋や棒手振《ぼてふり》と呼ばれる魚の行商人であると思われるが、それに混じって両刀を差した武士や、刀を一本差した中間も見うけられる。武家屋敷の肴を調達する台所方の役人たちであろう。彼等は毎日のように魚河岸に赴き、屋敷で消費する肴を買い入れていたのであろう。そしてここには女性の姿はない。ここで売られていた魚類は多種多様で豊富である。その形や姿から判断して、マグロ、カツオ、タコ、サメ、エイなどである。混雑する中に犬が混じっている。魚を売る店は、建物の中で商品を並べて売ることはしていない。すべて道路に臨時の陳列台を設けて、その上に魚を並べて売っている⑨。この商品陳列台を板舟と呼んだ。斜めに置いて、魚が往来の人から見やすいようにしている。その板舟を支えているのは桶である。魚を売り終え、市が終われば、総て片付けて、静かな通りに戻る。道と川の間に建てられた建物は、屋根は板葺きで、庇はとんとん葺きである。中には桶が積み重ねられており、物置として使用されていたようである。それに対して、反対側に並ぶ建物は瓦葺きの二階建てである。特に室町の通りに面した家々は白壁土蔵造りで非常に豪壮である。魚市場に面した手前の家の屋上には火の見櫓が置かれている⑩。その先端に風見鶏がつけられている。魚河岸の河岸は船着き場を意味し、水産物を積んだ舟が着岸して桟橋から荷揚げする所である。芝河岸、中河岸、地引河岸の三つの河岸が並んでいた。川には多くの舟が行き来している。房総半島や三浦半島から鮮魚を江戸に運ぶ八丁艪や七丁艪の快速船である押送船《おしおくりぶね》⑪、また多くの荷物を積んだ伝馬船⑫が川の中央部にみられる。そして、桟橋には底の浅い平田舟が多く繋留されている⑬。

3　名所図会と生活・生産

『東海道名所図会』に挿入された絵の多くは名所を描いている。その多くは、斜め上方から対象を鳥瞰するように、名所の全体を示し、さながら高所に立って名所全体を見ている雰囲気を作り出していた。名所はいうまでもなく古歌にうたわれ、紀行文に書き留められた所であり、いわゆる神社仏閣が中心である。名所を紹介することに名所図会の基本があることは間違いないであろう。加えて、かつてそこで展開した合戦、事件などを描いた想像図が挿入されている。旅の世界に自ら入り、旅に親しむために制作されたのが名所図会であり、それが故にいずれの名所図会も多くの部数が印刷され、売れたのであろう。その点では、ここで取り上げた生活や生産の絵は付随的、付録的なものかも知れない。あるいは多くの読者は、このような図は飛ばして先に読み進んだかも知れない。本文では、これらの生活や生産に関する記述はあまり見られない。まったく触れられずに、ただ絵だけが挿入されているものもある。

それでは、本書で取り上げた絵は読者から歓迎されなかったのであろうか。そのようなことはなかったと思われる。それは各種名所図会で、成立年代が下がるほどに生活・生産に関する絵が増える傾向が見られたことで分かる。名所図会の中でも、その開拓者であり、また多くの図会を制作した秋里籬島の作品でその傾向が見られる。読者の期待、評判を受けて、これらの絵を描き起こし、挿入したものであろう。作者であり、編集プロデューサーであった秋里籬島の企画性を高く評価しなければならない。生活・生産の場面で埋め尽くされたのでは名所図会ではない。少数であるが、アクセントとして挿入されていることに意味があったのである。

描く対象がどのように決められたかは明らかでない。絵師独自の判断で描かれたものもあるであろうが、多くは、企画し、原稿を書いた秋里籬島の指示によって決められたと考えるべきであろう。『東海道名所図会』は大勢の絵師の「寄合書き」であるが、挿絵担当の絵師たちが一堂に会して相談したり、意思統一を図った様子はない。それにも拘わらず、東海道のあちこちで生活・生産場面が描かれており、当然描いた絵師は一人ではない。複数の絵師が生産現場や生活の情景を描いているのである。やはり、企画者である秋里籬島の判断と指示を想定すべきであろう。

秋里籬島が各地の生活や生産に興味関心を抱き、名所図会に挿入することにしたことは大いに注目される点である。しかも、古い昔の様相に注意するのではなく、当時のありふれた様相に注目している。人びとの生活を挿絵にして入れることによって、前提として興味がなかった読者を刺激して、生活の実像に関心を向けさせようとした。その仕掛けは名所図会全部の挿絵を使うのではなく、ごく一部に紛れ込ませることの方が効果的であることを知っていたと言うべきであろう。そのわずかな数の絵が読者を大いに刺激することを十分に承知していたのであろう。

秋里籬島を民俗学研究の先駆者として位置付ける考えが表明されたことはない。しかし、『東海道名所図会』全巻を通して挿入された生活・生産を描いた絵を見れば、そこには民俗事象を観察し、それに興味を注ぐ確かな眼差しを見ることができる。大津山王祭の場面では、大榊の練りを詳細に描きつつ、その周辺にいる多様な人びとの様子も子細に観察し、描いている。大森の海苔採取と生産の場面を見ると、生産の諸活動を漏らすことなく描き出していることが分かる。単に工程だけでなく、それに携わる人びとの様相も注意している。ゴミ取りをし、庖丁で切り刻む女性たちは、背中に赤ん坊を背負っている。生活への関心はすでに民俗学研究者であると言って良いであろう。民俗学史が紹介する近世文人たちの民俗への関心は、様々な行事や儀礼への関心であり、生活全般にまで目を向けている文人は少ない。典型的には、「諸国風俗問状《しょこくふうぞくといじょう》」であろう。質問項目の大部分は年中行事に関するものであり、残りも行事・儀礼に関するものである。秋里籬島の目は、それらと同じ行事を見ながらも、そこに関わる人びとの生活にも注意していた。その秋里籬島の目が各地で依頼されて絵を描いた絵師たちに伝えられ、多くの絵師が行事・儀礼だけでなく生活場面を描いたと判断すべきものと考える。企画編集にあたった秋里籬島の判断と指示がなければ、東海道各地の生活が挿入されることはなかった。従来それほど注目されてこなかった書物の企画編集者としての秋里籬島の生活への眼差しを評価すべきである。

〔参考文献〕

安芸皎一校注「御普請一件」（古島敏雄・安芸皎一校注『近世科学思想』上、日本思想大系六二、岩波書店）一九七二年
秋里籬島『東海道名所図会』（竹村俊則編『日本名所風俗図会』七、角川書店）一九七九年
秋里籬島（市古夏生・鈴木健一校訂）『新訂都名所図会』全五巻、ちくま学芸文庫、筑摩書房、一九九九年
秋里籬島（粕谷宏紀監修）『新訂東海道名所図会』全三巻、ぺりかん社、二〇〇一年
浅野秀剛・吉田伸之編『大江戸日本橋絵巻』講談社、二〇〇三年
伊藤寿和「名所図会作家『秋里籬島』に関する基礎的研究」『史艸』第四九号、二〇〇八年
近江東海道四〇〇年記念事業実行委員会編『近江東海道ガイドブック』二〇〇一年
大石久敬（大石慎三郎校訂）『地方凡例録』下（日本史料選書）近藤出版社、一九六九年
大蔵永常（飯沼二郎校注）『広益国産考』（日本農書全集一四、農山漁村文化協会）一九七八年
大田区立郷土博物館編『大田区海苔物語』一九九三年
大田南畝『改元紀行』（『大田南畝全集』第八巻、岩波書店）一九八六年
大津市歴史博物館編『企画展大津絵の世界』二〇〇六年
粕谷宏紀『東海道名所図会を読む』東京堂出版、一九九七年
神奈川県立歴史博物館『江戸時代の東海道』二〇〇一年

川崎市市民ミュージアム編『「東海道」読本』一九九四年
喜田川守貞（宇佐美英機校訂）『近世風俗志（守貞謾稿）』全五巻、岩波文庫、一九九六―二〇〇二年
木村明啓・川喜多真彦『花洛名勝図会』（竹村俊則編『日本名所風俗図会』七、角川書店）一九七九年
木村明啓・川喜多真彦『再撰花洛名勝図会』一八六四年
久波奈古典籍刊行会編『久波奈名所図会』（全三巻）一九七七年
国土交通省甲府河川国道事務所『富士川舟運の歴史をたどる』二〇〇三年
国立歴史民俗博物館編『企画展示錦絵はいかにつくられたか』二〇〇九年
財団法人東海水産化学協会・海の博物館編『合冊三重県水産図解』一九八四年
斎藤幸雄・幸孝・行成（鈴木棠三・朝倉治彦校註）『新版江戸名所図会』全三巻、角川書店、一九七五年
阪本寧男・落合雪野『アオバナと青花紙』サンライズ出版、一九九八年
ジーボルト（斎藤信訳）『江戸参府旅行日記』（東洋文庫）平凡社、一九七七年
静岡県教育委員会文化課編『静岡県歴史の道東海道』静岡県教育委員会、一九九四年
蔀関西『伊勢参宮名所図会』（版本地誌大系一六）臨川書店、一九九八年
島田市史編纂委員会編『島田市史』中、島田市役所、一九六八年
十返舎一九（中村幸彦校注）『東海道中膝栗毛』（新編日本古典文学全集）小学館、一九九五年
「人類文化のための非文字資料の体系化」第一班編『日本近世生活絵引東海道編』神奈川大学二一世紀COEプログラム、二〇〇七年

杉山茂「中・近世における外郎家と売薬・透頂香の展開に関する薬史学的研究」（千葉大学薬学部博士論文）一九九六年
鈴木重三・木村八重子・大久保純一編『保永堂版広重東海道五拾三次』岩波書店、二〇〇四年
宗田　一『日本の名薬』八坂書房、二〇〇一年
高木正年（北村敏校注）『海苔培養法』（『日本農書全集』四五、農山漁村文化協会）一九九三年
旅の文化研究所編『絵図に見る伊勢参り』河出書房新社、二〇〇二年
中川芳山堂『江戸買物独案内』一八二四年
秦石田・秋里籬島『近江名所図会』（版本地誌大系一三）臨川書店、一九九七年
藤川玲満「国文学研究資料館蔵『秋里家譜』翻刻と解説」『国文』一一〇号、二〇〇八年
宮下　章『海苔』（ものと人間の文化史一一一）法政大学出版局、二〇〇三年
山口幸次『日吉山王祭』サンライズ出版、二〇一〇年
山本光正『街道絵図の成立と展開』臨川書店、二〇〇六年
栗東歴史民俗博物館編『近江の街道』二〇〇一年

あとがき

日本常民文化研究所の先輩たちが『絵巻物による日本常民生活絵引』を編纂したことの意義は今では広く知られている。図像を窓口にして、字引と同じような方式で情報を引き出すことを試み、それまでは気づかなかった生活に関する豊富な事物や行為を図像で示した。二〇〇三年度に採択された二一世紀COEプログラム「人類文化研究のための非文字資料の体系化」では、絵引という世界的に例を見ない図像の情報化を継承発展させることを一つの大きな課題とした。そして、その一部として先輩たちが構想しながら果たせなかった近世の図像資料について絵引を編纂することを事業とした。その一つが『東海道名所図会』による絵引編纂であった。この編纂共同研究に参加したのは、富澤達三、中村ひろ子、山本志乃と私の四人であった。チームワーク良く研究会を重ね、編纂を行った。そして、常に他の絵引編纂チームとも連携し、協力して検討を行った。様々な学問分野の研究者が協業することではじめて可能になるのが絵引編纂であることを確認した。

その共同研究は楽しくもあり、また苦労の多いものであった。文字とは異なって具体的なイメージを与えてくれる図像資料を扱うことの楽しさを十分に味わうことができた。しかし、描かれた事物や行為を当時何と呼んでいたのかを確認することは非常に困難な仕事であった。文字資料から事物を示す単語を探し出すことはほとんど不可能であった。近世刊行の絵入り辞書や案内書を参考に事物や行為を表現する単語を確定して、絵引を編纂した。完全には達成できず、少なからずの事物や行為を現代の言葉で示すことになった。その難しさを痛感し、先輩たちの偉業を改めて認識した。『東海道名所図会』には二〇〇枚の挿絵が挿入されているが、そのなかに各地の祭礼行事や特産物の生産場面の挿絵が少なくなく、しかもそれらは対象に迫って近景から描いている。それを取り上げて絵引の編纂を行った。本書はその過程で得た知見に基づき、東海道沿道の生活場面について読み解く作業を行った。取り上げたのは二〇ヵ所の挿絵である。東海道は多くの旅人の往来する幹線道路であるが、同時にその沿道で多様な生活文化が展開していることを示そうとした。今までの東海道紹介書とはひと味風味の変わった書物になっていると思っている。

本書の内容が著者一人の研究成果でないことはもちろんである。どの事項にも、絵引編纂過程で共同して調べ、議論して確認した知見が基礎にある。研究成果報告書である『日本近世生活絵引』東海道編の副産物であり、その成果品の一部でもある。編纂共同研究に参画した富澤、中村、山本、そして福田の四名の共同著作であると言って良い。ただし、間違いがあるとすれば、今回筆を執った福田の理解不足によるものであり、すべて福田の責任である。

『東海道名所図会』はすでにいくつも翻刻されている。それらの恩恵に与ったが、原則的には直接版本に基づいている。底本としたのは、神奈川大学非文字資料研究センター所蔵の『東海道名所図会』全六巻（寛政九年刊）である。

福田　アジオ

二〇一〇年七月

著者紹介

福田アジオ（ふくた　あじお）

1941年三重県四日市市に生まれる。

1963年東京教育大学文学部史学科卒業。

1971年東京教育大学大学院文学研究科日本史学専攻修士課程修了。

1977年東京教育大学大学院文学研究科日本史学専攻博士課程退学。

武蔵大学助教授、国立歴史民俗博物館教授、新潟大学教授を経て、1998年４月から神奈川大学教授。主として大学院歴史民俗資料学研究科において民俗資料学専攻学生を指導すると共に、学部の民俗学、博物館実習などを担当する。

著書として『柳田国男の民俗学』（吉川弘文館）、『番と衆―日本社会の東と西』（吉川弘文館）、『民俗学者柳田国男』（御茶の水書房）、『歴史探索の手法』（筑摩書房）、『日本民俗学の開拓者たち』（山川出版社）、『日本の民俗学』（吉川弘文館）等がある。

装画：『東海道名所図会』
（神奈川大学非文字資料研究センター所蔵）より

神奈川大学21世紀COE研究成果叢書
神奈川大学評論ブックレット　31

名所図会《めいしょずえ》を手《て》にして東海道《とうかいどう》

2011年３月31日　第１版第１刷発行

編　者――神奈川大学評論編集専門委員会

著　者――福田アジオ

発行者――橋本盛作

発行所――株式会社御茶の水書房
〒113-0033　東京都文京区本郷5-30-20
電話　03-5684-0751

装　幀――松岡夏樹

印刷・製本――東洋経済印刷株式会社

Printed in Japan
ISBN 978-4-275-00924-1　C1039